Réinvention des cabinets d'avocats

Reconfiguration des modèles économiques
et intégration de la R&D

Collection « Droit international »

Collection fondée et dirigée par Gérard Teboul, professeur à l'université Paris-Est

Au regard du champ disciplinaire qu'elle couvre, la collection « Droit international » présente un caractère transversal : si elle accueille des ouvrages de droit international public ou de droit international privé, elle est ouverte également à des études portant sur des thématiques – nouvelles et de plus en plus nombreuses – se situant au confluent de ces deux disciplines. Par ailleurs, la collection « Droit international » n'entend aucunement privilégier des travaux de nature théorique ou de nature pratique : toute théorie maîtrisée doit reposer sur une connaissance sérieuse de la pratique tandis que toute analyse pratique ne saurait valablement éclairer une problématique juridique sans une compréhension de ses fondements théoriques. Ainsi, la présente collection se propose de contribuer à la connaissance de tous les aspects du droit international, branche du droit qui, au fil des ans, tient une place croissante au sein des disciplines juridiques.

Déjà parus

Siphana Sok, *Analyse de la dualité juridique au Cambodge*, 2024.

Abdelbasset Ibrahim, *La délégation de compétences des organisations internationales*, 2023.

Yoleth Laínez Calderón, *L'attente légitime en droit international économique*, 2023.

Alejandra Blanquet, *Le contrôle de régularité internationale des jugements étrangers, Étude comparée de droit international privé français et colombien*, 2023.

Ira Lymperopoulou, *L'européanisation du secteur de l'énergie. dans le contexte de crise de la dette Volume I, Les mutations structurelles : La création des marchés de l'énergie,* 2023.

Ira Lymperopoulou, *L'européanisation du secteur de l'énergie. dans le contexte de crise de la dette Volume II. Les mutations fonctionnelles : La nouvelle régulation des marchés de l'énergie*, 2023.

Siavash SHAHRJERDI

Réinvention des cabinets d'avocats

Reconfiguration des modèles économiques et intégration de la R&D

Préfaces de Bastien REBER, Vanessa BOUSARDO et Olivier CHADUTEAU

L'Harmattan

Du même auteur chez l'éditeur

La justice augmentée, L'émergence d'un posthumanisme juridique et rationnel, 2024

L'influence entre l'intelligence artificielle et le juriste, L'histoire d'une réciprocité perpétuelle et éternelle, 2024

En couverture : Image générée par IA

5-7, rue de l'École-Polytechnique, 75005 Paris
http://www.editions-harmattan.fr
ISBN : 978-2-336-49231-5
EAN : 9782336492315

À ma chère mère dont la grâce et l'intelligence illuminent mon existence, et dont la bienveillance et l'inspiration jaillissent en moi comme une source intarissable.

À ceux qui ont le courage d'innover, tels des aigles intrépides s'envolant vers les cieux, portés par des ailes puissantes, même lorsque les tempêtes grondent.

« Rien n'est plus dangereux que d'être moderne ; on risque de devenir soudain ultra démodé »[1].

- Oscar WILDE

[1] O. WILDE, « Phrases et philosophies pour usage des jeunes » In The Chameleon: A Bazaar of Dangerous and Smiling Chances, edited by John Bloxam, The Chameleon Publishing Company, Londres, 1894, p.3.

Préface

Bastien Reber

Bâtonnier de l'Ordre des avocates
et des avocats neuchâtelois

Nouvelles technologies dans le monde du droit : Révolution, évolution ou simple coup de vent ?

Un vent nouveau souffle sur le monde depuis décembre 2022 et la démocratisation des intelligences artificielles, notamment sous la forme de l'agent conversationnel ChatGPT lancé par l'entreprise Open AI.

Naturellement, les métiers du droit se sont sentis concernés par cet apport technologique et d'aucuns prédisaient, voire assuraient, un profond chamboulement dans les pratiques des métiers du droit et spécialement de la profession d'avocat.

On pouvait alors entendre, ici et là, que la profession même d'avocat allait être rayée de la carte, tant les robots, de par leurs connaissances immenses de bases de données, notamment jurisprudentielle, rendraient le travail de recherche et de réflexion totalement obsolète.

L'intelligence artificielle «nouvelle génération» permettrait en effet un gain de temps substantiel, spécialement dans le cadre des recherches juridiques.

Puis, peut-être par une subite prise de conscience, seules des tâches répétitives et chronophages devaient faire l'objet d'un gain substantiel d'efficacité.

L'ère de l'avocat sans secrétariat, éventuellement doté d'un secrétariat totalement dématérialisé et décentralisé était sur toutes les lèvres.

Lors d'une séance à laquelle j'ai participé en juin 2023,

j'ai même entendu une personne, qui n'était pas du monde du droit heureusement, très fière d'affirmer que, grâce à l'IA, elle avait pu supprimer les deux tiers de son secrétariat et faire ainsi réaliser à son entreprise des économies substantielles... On peut regretter dans cette vision le manque de caractère humain ou social. Mais il n'est pas étonnant cependant qu'il faille opposer une intelligence artificielle à une vision humaine. C'en est même la substance.

Il est au demeurant intéressant, toujours sous l'angle économique, de constater que, de manière très ponctuelle, certains magistrats - alors que l'avocat plaide au bénéfice de l'aide étatique - se permettent de diminuer les notes de frais présentées, au prétexte que l'activité actuelle de l'avocat est plus rapide et moins chère qu'auparavant, car dénuée de secrétariat et qu'il suffit d'acheter un logiciel de reconnaissance vocale et une IA pour qu'un acte soit automatiquement retranscrit.

On voit bien que le magistrat en question passait par sa greffière pour la rédaction des décisions et qu'il ne se rendait pas compte, outre des problèmes de reconnaissance terminologique, du travail de mise en page que nécessite la rédaction tant d'un acte de procédure, que d'une décision judiciaire.

Autrement dit, son discours, pour autant qu'il fût sincère et non purement chicanier, était dénué de toute pertinence.

Le présent rédacteur, bien qu'ayant quelques tendances geek et aimant s'informer des dernières évolutions technologiques, n'en est pas moins peu convaincu quant à la révolution numérique que d'aucuns (souvent des sociétés vendant les logiciels d'ailleurs) veulent bien vanter.

Il y voit plutôt la même évolution que ce qui était prédit à l'introduction des ordinateurs personnels dans les études d'avocats, ou l'on allait retenir un gain de temps évident, une rédaction plus rapide d'actes, des corrections plus aisées, ainsi qu'un travail de secrétariat diminué.

Effectivement, les améliorations ont pu ainsi être relevées, mais force est de constater que le travail même de l'avocat n'a pas été modifié. Ce ne sont que les mises en place de ses réflexions qui sont ainsi simplifiées.

L'introduction de l'ordinateur personnel dans les secrétariats d'études, tout comme l'introduction de l'intelligence artificielle dans ledit ordinateur actuellement, permettront sans doute même de gagner quelques minutes, mais aujourd'hui, la mise en place du système prend nettement plus de temps.

Aussi, comme j'ai eu l'occasion déjà de l'exprimer lors de l'assemblée générale de l'Ordre des avocates et des avocats neuchâtelois en juin 2024, une multitude de tâches redondantes et dénuées d'intérêt devront continuer d'être effectuées par l'être humain, à savoir soit le secrétariat soit l'avocat lui-même.

Par exemple, l'accueil physique du client, le fait de répondre au téléphone, de tenir l'agenda, d'ouvrir le courrier, de passer ce courrier dans le scanner ou la photocopieuse, d'accueillir le facteur, d'aller à la poste, voire de rechercher des pièces nécessaires dans le dossier (numérique ou physique) seront toujours des tâches qui devront être effectuées physiquement, tout comme, si l'on extrapole, le fait de faire le café et la vaisselle, qui apporte finalement assez peu de valeur ajoutée à l'activité de l'avocat mais qui est aujourd'hui nécessaire.

En ce sens, la machine à café intelligente qui sert toute seule, autonettoyante et qui fait la vaisselle sans autre nécessité de la commander est attendue avec grande impatience !

Au demeurant, comme brièvement indiqué ci-avant, la mise en page des actes peut être à 80-90% effectuée sur la base d'un modèle, mais cela n'est pas suffisant et il faut savoir s'adapter en fonction des circonstances.

C'est d'ailleurs ici le propre de l'activité de l'avocat, que de savoir trier les informations pertinentes qui lui sont dispensées, d'établir une stratégie de procédure, de savoir quelles informations doivent ou ne doivent pas être dispensées à la partie adverse ou à l'autorité, quels moyens de preuve faire valoir, etc. ne sauraient en aucun cas être l'apanage d'une intelligence artificielle.

A moins que l'on décide de s'en remettre entièrement à la machine sur la stratégie de procédure, avec les risques énormes que cela comporte. L'avocat propose, éclaire, le client choisit. L'IA ne saurait y suppléer.

Mais également, l'article 11 du Code Suisse de déontologie ainsi que l'article 3.7.1 du Code de déontologie des avocats européens stipulent que l'avocat doit s'efforcer de trouver un règlement amiable aux litiges qui lui sont soumis.

Or, l'art de la négociation, jusqu'à preuve du contraire, ne saura être maitrisée par une IA, le facteur humain étant en pareilles circonstances fondamental.

D'un point de vue plus technique, être doté d'une intelligence artificielle nécessite soit une grosse infrastructure interne, donc impliquant un coût conséquent, et suffisamment de masse de dossiers pour pouvoir permettre de nourrir ladite intelligence afin qu'elle puisse comprendre les subtilités et la «patte» de l'avocat concerné.

Soit l'avocat œuvre dans le cadre d'une structure plus petite, auquel cas la masse de données traitée par l'intelligence artificielle, pour pouvoir agrémenter la base de données, se fait à l'externe, sans aucune maitrise des informations transmises ni de leur lieu de stockage.

Surtout, la protection des données (GRPD) risque de ne plus être respectée.

On y voit une limitation concrète et pratique de l'utilisation de l'IA.

Certes, les recherches juridiques pourraient être

simplifiées, renvoyant non plus juste à un article de loi ou à des sites Internet, mais faisant une synthèse des différentes sources d'information, synthèse qui nécessitera dans tous les cas au mandataire, de par son obligation de diligence et son implication vis-à-vis de son client, de les vérifier.

Enfin, titulaire du brevet d'avocat et exerçant depuis une vingtaine d'années, le praticien que je suis ne se considère ni comme un jeune avocat ni comme un ancien, mais dans une tranche intermédiaire.

A ce titre, sans vouloir jouer les conservateurs et étant à l'affût des nouvelles technologies dès lors qu'elles facilitent le travail quotidien, il n'en demeure pas moins que le soussigné ne peut s'empêcher de garder à l'esprit que la profession d'avocat implique un rapport humain important avec le client.

L'avenir, ainsi que la contribution de Me. SHAHRJERDI, saura sans doute y répondre. Après tout, le soussigné, pas plus qu'un autre, n'est doté d'une baguette magique permettant de prédire l'avenir. Et l'IA en fera assurément partie.

Préface

Vanessa Bousardo

Vice-bâtonnière de Paris

Comment maintenir la rentabilité de nos cabinets dans un contexte où la pression sur les coûts ne cesse de croître et où les clients exigent des services de plus en plus personnalisés et complexes ? Comment intégrer au sein de nos structures les technologies de pointe qui émergent ?

Comment tirer parti de ces outils sans dénaturer la relation avocat-client, essence de notre profession ? Et ce tout en gardant notre indépendance, dans le plein respect de notre déontologie, véritable socle de notre profession.

À l'heure où la profession d'avocat traverse de profondes mutations, les nouvelles technologies transforment radicalement notre pratique quotidienne. L'augmentation de notre nombre accentue la concurrence, intensifiant ainsi les défis auxquels les cabinets doivent faire face. Ajoutez à cela les impératifs d'innovation, et il devient aujourd'hui crucial d'ajuster nos méthodes de travail.

Certains cabinets, qu'on appelle cabinets « augmentés », ont déjà entamé cette métamorphose, en s'équipant de ces nouveaux outils, en les créant aussi parfois, ce qui leur permet d'optimiser leurs ressources tout en offrant des services encore plus personnalisés aux justiciables.

Ce sont ces outils auxquels s'intéresse Siavash Shahrjerdi. Ainsi, il démontre qu'au-delà des fins qu'ils poursuivent – rendre plus facile la gestion des dossiers, le suivi client, le management, synthétiser rapidement d'épais documents ou construire l'ébauche d'une défense – ils ne se contentent pas de faciliter ces tâches mais bien plus encore, ils imposent une révision complète de nos façons de faire.

Parmi ces technologies, ce sont plus particulièrement les outils d'intelligence artificielle qui se distinguent. De plus en plus performants, ils deviennent de véritables alliés pour les avocats, qui peuvent les utiliser pour accéder rapidement à l'information juridique nécessaire, à l'écriture de leurs conclusions ou s'éviter de longues heures de recherches.

Mais c'est aussi un atout pour les justiciables qui, grâce à eux, appréhendent plus aisément les questions juridiques auxquels ils sont confrontés, se repèrent mieux dans ce domaine qui leur était jusqu'alors souvent difficile d'accès. Ainsi, l'IA modifie en profondeur non seulement les méthodes de travail des avocats, mais également l'ensemble du marché juridique, comme le rappelle l'auteur, influençant tant l'offre que la demande.

Face à ces bouleversements, l'intégration de la recherche et du développement au sein des cabinets devient une question de premier ordre. Investir dans ce domaine est un gage de notre indépendance, une garantie de répondre aux besoins spécifiques de notre pratique, lesquels peuvent varier d'un cabinet à un autre. Utilisés judicieusement, ces outils, loin de remplacer le travail de l'avocat, le complètent efficacement.

Plus encore, en libérant du temps, ils nous permettent de nous concentrer sur notre cœur de métier : la défense des justiciables. Raison pour laquelle nous devons, dès aujourd'hui, les faire nôtres.

L'avocat de demain, tout en demeurant un expert du droit, devra également devenir un stratège, un gestionnaire, voire un innovateur. Car la transformation des cabinets d'avocats va bien au-delà de la simple numérisation, ce que l'auteur souligne à très juste titre. Elle implique également une réévaluation des modèles économiques, une refonte des politiques de ressources humaines et une évolution des prestations juridiques. Elle nécessite aussi une réflexion plus large sur la nature même de ces services ou encore sur la fixation des honoraires.

C'est cette réalité que l'auteur explore. En s'appuyant sur la littérature scientifique et sur de nombreux exemples, français comme internationaux, il dévoile les implications que peuvent avoir l'émergence des nouveaux outils numériques dans notre profession.

Ce travail remarquable offre de précieuses perspectives pour les cabinets qui souhaiteraient non seulement s'adapter aux évolutions en cours, mais aussi les anticiper et les façonner, afin de participer pleinement à la transformation de notre profession.

De nombreux secteurs sont aujourd'hui traversés par ces évolutions technologiques aux nombreuses implications économiques. Et le monde judiciaire, bien que souvent perçu comme immuable, n'échappe pas à cette dynamique. Ces transformations conduisent plus que jamais les avocats à évoluer, à s'adapter, à conquérir de nouveaux marchés. Ainsi, pour que nos cabinets demeurent compétitifs, il ne s'agit plus simplement de pratiquer le droit, mais de le réinventer, de nous réinventer.

Préface

Olivier CHADUTEAU

Docteur en sciences économiques
Associé de PwC Société d'Avocats
Directeur du Réseau PwC Legal Business Solutions

L'avocature, une profession ancrée dans des traditions séculaires, se trouve aujourd'hui à un carrefour décisif. Depuis plus de cent ans, les cabinets d'avocats ont fonctionné selon des modèles d'affaires qui, bien qu'efficaces à leur époque, montrent désormais leurs limites face à la révolution numérique. C'est en 1919[1] que Reginald HEBER SMITH inventa aux Etats-Unis le « taux horaire » et les « feuilles de temps ».

Il avait par la suite popularisé son approche dans un article qu'il rédigea en 1940 pour l'ABA Journal[2], et dans lequel il incitait ses confrères à professionnaliser leur cabinet et à vendre leur connaissance et savoir en vendant du « temps » : « The service the lawyer renders is his professional knowledge and skill, but the commodity he sells is time, and each lawyer has only a limited amount of that »[3].

La rupture digitale que connait aujourd'hui le marché du droit, marquée par l'émergence de technologies disruptives telles que l'intelligence artificielle, la blockchain et la réalité

[1] R. HEBER SMITH, « Justice And The Poor: A Study Of The Present Denial Of Justice To The Poor And Of The Agencies Making More Equal Their Position Before The Law », 1919.
[2] R. HEBER SMITH, « The Law Office Organization », American Bar Association Journal, Vol. 26, No. 5 (MAY 1940), pp. 393-396
[3] Ibidem.

virtuelle, impose une reconfiguration profonde de ces modèles pour répondre aux exigences contemporaines.

L'avènement de cette « General Purpose Technology[1] » qu'est l'intelligence artificielle (IA) révolutionne tous les secteurs, tous les métiers et n'épargne pas la pratique du droit.

L'intelligence artificielle libère les avocats des tâches répétitives et chronophages, telles que la documentation, la recherche juridique, la rédaction, la synthèse, la traduction... Cependant, cette transformation technologique s'accompagne de défis majeurs.

Les cabinets d'avocats sont confrontés depuis une dizaine d'années à de nouveaux entrants appelés *legaltechs*, avec lesquelles elles se retrouvent dans une situation de « coopétition », voire de dépendance ainsi que l'explique Siavash SHAHRJERDI.

Face à ces bouleversements, il est impératif pour les cabinets d'avocats de repenser leur modèle d'affaires. Le modèle traditionnel, basé sur la facturation horaire et la valorisation des compétences humaines, doit évoluer pour intégrer les avantages offerts par les nouvelles technologies.

Vendre son temps face à une technologie permettant l'immédiateté peut sembler anachronique voire suicidaire. L'une des propositions les plus audacieuses de cet ouvrage est la création de départements de recherche et développement (R&D) au sein des cabinets d'avocats.

Cette initiative vise à internaliser la conception des outils technologiques, réduisant ainsi la dépendance vis-à-vis des fournisseurs externes et permettant aux cabinets de commercialiser leurs propres solutions.

Cette approche garantit non seulement l'indépendance des cabinets, mais ouvre également de nouvelles

---

[1] T. BRESNAHAN, M. TRAJTENBERG, « General purpose technologies 'Engines of growth'», Journal of Econometrics, Elsevier, 1995, vol. 65, n° 1, pages 83.

perspectives économiques. La technologie est une chose, la connaissance juridique en est une autre, en maitrisant ces deux aspects, les avocats reprennent en main leur destinée et développent ainsi une barrière à l'entrée non négligeable.

Dans les cabinets dits « augmentés », la valeur d'une prestation juridique est désormais davantage liée à sa finalité et à la valeur qu'elle apporte à ses clients plus qu'à l'énergie et au temps déployés pour l'accomplir.

Cette nouvelle logique nécessite une adaptation des méthodes de facturation par la valeur et non par le temps afin d'assurer une rentabilité durable face aux investissements massifs, financiers et humains, qu'il convient de faire.

Le livre de Siavash Shahrjerdi se veut à la pointe de la réflexion sur l'innovation dans le domaine juridique. Il propose des solutions concrètes et visionnaires pour aider les avocats à s'adapter aux défis de la révolution numérique.

En repensant leur modèle d'affaires et en intégrant les technologies émergentes, les cabinets d'avocats peuvent non seulement survivre à cette rupture digitale, mais aussi en tirer parti pour se réinventer et prospérer dans un environnement en constante évolution.

L'avenir de l'avocature repose sur sa capacité à embrasser le changement et à transformer les défis en opportunités. Ce livre est une invitation à explorer ces nouvelles voies et à participer activement à la construction du cabinet d'avocats de demain.

Liste des abréviations, sigles et acronymes

§	Paragraphe
Art.	Article
ABA.	*American Bar Association*
B2B	*Business to busines*
B2C	*Business to consumer*
CEDH	Cour européenne des droits de l'Homme / Convention de sauvegarde des Droits de l'Homme
Cf.	Confer
CNB	Conseil national des barreaux
CNIL	Commission nationale de l'informatique et des libertés Délibération
Col.	Collection
C. com.	Code de commerce
Con.	Considérant
Coord.	Sous la coordination de
CRIDS	Centre de recherche information droit et société
Dir.	Sous la direction de
doc.	Document
DPO	Délégué à la protection des données
Dr.	Docteure / Doctoresse / Docteur
e.g.	Par exemple
ed.	Édition
ex.	Exemple
IA	Intelligence artificielle
Ibidem	Même endroit
Id.	Idem., de même
In.	Dans
LAD	Lecture automatique de documents
Me	Maître
n°	Numéro
nn°	Numéros
NLP.	Langage naturel
OCR	Reconnaissance optique de caractères
op. cit.	Opus. Citatus
UE	Union Européenne
p.	Page / Nombre total des pages

PME	Petite ou moyenne entreprise
pp.	De la page (…) à la page (…)
Pr.	Professeure / Professeur
Préc.	Précité
R&D	Recherche et développement
RAD	Reconnaissance automatique de documents
RGPD	Règlement général sur la protection des données
RIN	Règlement Intérieur National de la profession d'avocat
RIN	Règlement Intérieur National de la profession d'avocat
Sec.	Section
trad.	Traducteur / traduction / traduit par
V.	Voire
vol.	Volume

Introduction

> « Chaque homme prend les limites de son propre champ de vision pour les limites du monde »[1].
>
> - Arthur SCHOPENHAUER

Au fil des années, l'univers du droit a été profondément transformé par l'avènement des technologies du numérique, de l'intelligence artificielle et de la blockchain qui a libéré les avocats des tâches répétitives, telles que la documentation, la recherche juridique, la gestion des missions et la rédaction d'actes formalisés[2]. Ces technologies ont ouvert la voie à une structuration plus fluide et rationnelle des raisonnements juridiques.

En même temps, la profession d'avocat a été particulièrement concurrencée par les entreprises fabriquant et proposant les outils de la *legaltech* qui permettent à d'autres personnes de fournir des services semblables à ceux offerts par les avocats. Toutefois, la représentation devant les juridictions et les ventes aux enchères demeurent l'apanage exclusif des avocats,

---

[1] L'intervention de Monsieur A. MOSER lors de la conférence Dialogue & Démocratie, Génève, Suisse, le 14 mars 2014, p. 6, disponible sur https://psychaanalyse.com/pdf/UN%20PESSIMISTE%20RADICAL%20ESSAYANT%20DE%20PENSER%20SON%20MAL%20ETRE%20ET%20LA%20SOUFFRANCE%20DE%20VIVRE%20-%20Arthur-Schopenhauer%20(7%20pages%20-%20930%20ko).pdf (consulté le 17 juillet 2023).

[2] Cf. R.C. LAWLOR, « What computers can do : analysis and prediction of judicial decisions », American Bar Association Journal,1963, vol. 49, n° 4, pp. 337-344.

constituant ainsi une exception notable dans cette révolution technologique.

Selon l'Association des barreaux américains (en anglais, *American Bar Association* - ABA), la crise sanitaire qui a marqué les années 2019 à 2022 a propulsé les activités des cabinets d'avocats aux États-Unis vers une dimension plus virtuelle (et même plus automatisée), entraînant une croissance remarquable leur productivité et de leur accessibilité [1].

Cette transition vers le numérique a été un catalyseur d'efficacité, permettant aux cabinets de s'adapter rapidement aux besoins changeants de leurs clients.

Un autre rapport publié en mars 2023 par la Banque *Goldman Sachs* révèle qu'aux États-Unis, environ 44% des professions juridiques seront remplacées par l'intelligence artificielle[2], un chiffre qui met en lumière le potentiel perturbateur de cette technologie dans le secteur.

Il s'agit d'une une augmentation significative par rapport aux 24 % estimés par la Société *McKinsey Global Institute* en 2017 (ce pourcentage a été déterminé en fonction des données collectées durant l'année civile 2016)[3].

---

[1] A. KLEVAN, « 2021 Life & Practice », American Bar Association, TECHREPORT 2021, 29 Décembre 2021, disponible sur https://www.americanbar.org/groups/law_practice/publications/techreport/2021/lp/ (consulté le 22 mai 2023).

[2] J. HATZIUS, J. BRIGGS, D. KODNANI, G. PIERDOMENICO, « Global Economics Analyst : The Potentially Large Effects of Artificial Intelligence on Economic Growth (Briggs/Kodnani) », 26 mars 2023, p. 6, disponible sur https://www.key4biz.it/wp-content/uploads/2023/03/Global-Economics-Analyst_-The-Potentially-Large-Effects-of-Artificial-Intelligence-on-Economic-Growth-Briggs_Kodnani.pdf (consulté le 3 mai 2023).

[3] McKinsey, « McKinsey Global Institute Study, Artificial Intelligence, The Next Digital Frontier », juin 2017, p. 38, disponible sur https://www.mckinsey.com/~/media/mckinsey/industries/advanced%20electronics/our%20insights/how%20artificial%20intelligence%20can%20deliver%20real%20value%20to%20companies

Ces chiffres reflètent un changement rapide et significatif dans le paysage juridique, où ces technologies de plus en plus perçues comme un outil indispensable et non plus comme une simple aide.

Cette tendance à l'automatisation devrait concerner non seulement les tâches juridiques, mais également 46 % des tâches administratives, 35 % des opérations commerciales et financières, et 31 % des tâches de vente[1].

Cette évolution du paysage des cabinets d'avocats, enrichie par ces innovations technologiques, répond non seulement à des besoins budgétaires, mais alimente également de vastes ambitions économiques, à l'intérieur comme à l'extérieur des cabinets.

En effet, cette transformation structurelle s'avère être une stratégie judicieuse et efficace pour optimiser les coûts tout en attirant de nouvelles clientèles, englobant non seulement les justiciables, mais également d'autres cabinets d'avocats, afin de réaliser leurs aspirations économiques.

Cette transformation impulsée et alimentée par les nouvelles technologies peut également entraîner une dépendance matérielle vis-à-vis des fournisseurs des logiciels algorithmiques et numériques, dotés de stratégies de recherche et développement (R&D) de plus en plus dynamiques et sophistiquées.

Dans ce contexte, la création de laboratoires, d'incubateurs, et plus particulièrement de départements internes de R&D au sein des cabinets d'avocats, peut significativement atténuer ce risque. De plus, cette approche pourrait générer des profits financiers grâce à la

---

/mgi-artificial-intelligence-discussion-paper.ashx (consulté le 3 mai 2023).

[1] R. DIPSHAN, « Generative AI Could Automate Almost Half of All Legal Tasks, Goldman Sachs Estimates », Law.com, 29 mars 2023, disponible sur https://www.law.com/legaltechnews/2023/03/29/generative-ai-could-automate-almost-half-of-all-legal-tasks-goldman-sachs-estimates/?slreturn=20240715094256 (consulté le 10 juin 2024).

commercialisation des outils conçus à destination des acteurs externes, tout en réduisant les dépenses internes.

Le caractère révolutionnaire de cette transformation souligne l'importance d'élaborer ou de réimaginer des modèles d'affaires plus adaptés aux spécificités de ces nouvelles pratiques des avocats.

De manière générale, il s'agit d'une nécessité impérieuse face aux changements structurels profonds comme ceux induits par le développement de ces technologies[1].

Cet ouvrage a pour premier objectif d'identifier les caractéristiques des nouveaux modèles d'affaires envisageables pour les cabinets d'avocats dits « augmentés » (à savoir ceux qui utilisent ces technologies).

L'un des principaux objectifs du présent ouvrage est de présenter une analyse détaillée et approfondie des caractéristiques, des avantages et des risques liés à « l'internalisation de la conception des outils d'intelligence artificielle et du numérique » au sein des cabinets d'avocats et à « leur commercialisation ».

Il explore également la manière dont les avocats peuvent conquérir le marché des outils algorithmiques d'aide à la décision juridique qui a été initialement créé par les entreprises de la *legaltech*.

Ces dernières sont définies, par le Conseil national des barreaux, comme « toute organisation qui propose, fournit et/ou développe des technologies au service du droit ou de l'accès à la justice »[2].

---

[1] Cf. Insights Success, « 6 Innovative Business Models for Law Firms to Adapt to a Changing Economic Landscape », disponible sur https://insightssuccess.com/6-innovative-business-models-for-law-firms-to-adapt-to-a-changing-economic-landscape/ (consulté le 22 mai 2023).

[2] Conseil national des barreaux, « Legaltechs du domaine de la jurimétrie, Préconisations d'actions », Assemblée générale du 9 octobre 2020, Rapport du groupe de travail Legaltech, p. 4.

L'idée de créer des départements internes de R&D au sein des cabinets d'avocats, proposée dans cet ouvrage, est une solution inédite qui n'a jamais été auparavant présentée. L'originalité de cette proposition réside dans son contexte novateur et sa base technologique complexe. Les solutions proposées dans cet ouvrage ainsi que l'approche adoptée par l'auteur et ses analyses sont nécessairement, par conséquent, hypothétiques.

Cette démarche visionnaire d'intégration de la R&D vise non seulement à exploiter pleinement les innovations technologiques, mais aussi à transformer ces découvertes en applications pratiques et lucratives, redéfinissant ainsi le paysage juridique contemporain.

Avant de plonger au cœur du sujet, il est essentiel de définir certaines notions clés fréquemment utilisées dans cet ouvrage.

Le cœur de ce projet réside dans la fonction de la recherche & développement (R&D), telle que magnifiquement définie par le Ministère français de l'économie et des finances, comme « l'ensemble des processus qui, partant de la recherche fondamentale ou d'une invention, assurent sa faisabilité industrielle. Il s'agit donc de l'ensemble des étapes permettant de passer du laboratoire de recherche à la production industrielle en usine. La fonction Recherche & Développement développe donc des innovations, qui sont les applications industrielles et commerciales d'une découverte ou d'une invention »[1].

La technologie de l'intelligence artificielle, la pierre angulaire de ces activités se définit comme « l'ensemble de

[1] Ministère de l'Économie et des Finances, La fonction Recherche & Développement, Faciléco, disponible sur https://www.economie.gouv.fr/facileco/fonction-recherche-developpement (consulté le 1er décembre 2022).

théories et de techniques mises en œuvre en vue de réaliser des machines capables de simuler l'intelligence »[1].

Il est extrêmement difficile de la décrire de manière claire et stable puisque, comme le souligne Monsieur Jean LASSEGUE, « le sens [de ce terme] s'est modifié au cours du temps »[2].

Elle est définie différemment par les juristes, les ingénieurs et les acteurs du commerce. Cette divergence est un obstacle à sa compréhension.

Un autre concept important étudié dans cet ouvrage est la blockchain qui est définie par le Sénat comme les « technologies de stockage et de transmission d'informations, permettant la constitution de registres répliqués et distribués (en anglais : *distributed ledgers*), sans organe central de contrôle, sécurisées grâce à la cryptographie, et structurées par des blocs liés les uns aux autres, à intervalles de temps réguliers »[3].

Au sein de l'orchestre complexe du droit et ces technologies, de nouvelles mélodies se font entendre, portées par les vents de l'innovation. Des cabinets d'avocats dits « augmentés » et « virtuels » émergent, tels des chœurs harmonieux, redéfinissant le paysage juridique.

Les cabinets d'avocats « augmentés » se dressent fièrement comme des chefs d'œuvre de collaboration homme-machine. Équipés d'outils sophistiqués

---

[1] Larousse, intelligence artificielle, disponible sur https://www.larousse.fr/encyclopedie/divers/intelligence_artificielle/187257 (consulté le 25 décembre 2023).

[2] J. LASSÈGUE, « L'intelligence artificielle, technologie de la vision numérique du monde », Les cahiers de la justice, 2019, n° 2, p. 205.

[3] Organe d'information commun à l'Assemblée nationale et au Sénat, « Rapport au nom de l'office parlementaire d'évaluation des choix scientifiques et technologiques sur Les enjeux technologiques des blockchains (chaînes de blocs) », rapports n° 1092 (AN) et n° 584 (Sénat), 12 juin 2018, présenté par Mme Valéria FAURE-MUNTIAN, M. Claude DE GANAY et M. Ronan LE GLEUT, p. 11.

d'intelligence artificielle, ces cabinets amplifient les capacités de leurs membres. Théoriquement, tous les avocats utilisant des simples outils algorithmiques de recherche peuvent être considérés comme des « avocats augmentés ».

Les cabinets d'avocats « virtuels », quant à eux, délaissent les murs traditionnels pour s'épanouir dans l'immensité du web. Ces cabinets, tels des mirages numériques, offrent leurs services juridiques à travers les réseaux en ligne, abolissant les frontières géographiques et permettant une accessibilité accrue à la justice.

Leur présence virtuelle peut s'accompagner d'une dimension augmentée, intégrant d'autres technologies innovantes ou s'inspirant des modèles des cabinets traditionnels. De plus, ces cabinets peuvent proposer des services automatisés grâce à l'intelligence artificielle, tels que des *chatbots* capables de fournir des réponses juridiques précises à des questions courantes dans les cadres définis par la réglementation générale et celle applicable spécifiquement à la profession d'avocat.

L'ouvrage explore également l'univers fascinant de la « réalité virtuelle »[1], consistant en un monde imaginaire créé par l'intelligence artificielle et accessible aux utilisateurs via des outils numériques, tels que les lunettes 3D permettant de vivre virtuellement comme un avatar[2].

Cette technologie, capable à la fois de simuler la réalité et de la créer « artificiellement », ouvre de nouvelles perspectives pour le domaine juridique. En effet, son intégration dans les espaces virtuels (plus spécifiquement,

---

[1] Ph. COEN (dir.), « Comment construire des Metaverses de respect et de diversité ? », Respect Zone, Rapport boîte à outils, 2023, disponible sur https://www.respectzone.org/wp-content/uploads/2023/02/Projet-Metaverse-Rapport-2023-15_02_23-HD.pdf (consulté le 29 mai 2023).

[2] Cf. M. DAMAR, « Metaverse Shape of Your Life for Future: A bibliometric snapshot », Journal of Metaverse, vol. 1, n° 1, pp. 1-8.

ceux en lignes) pourrait engendrer, intentionnellement ou non, des manipulations des utilisateurs.

Dans le marché et la perception populaire, ce concept est souvent automatiquement associé à l'espace virtuelle créée par la société *Meta* (anciennement *Facebook*), connu également sous le nom du « métavers ». Cela constitue l'origine de l'émergence de l'usage de ce terme.

L'édifice de cet ouvrage s'est édifié pierre par pierre, grâce à une quête de connaissance collaborative. Les données et les informations qui le composent ont été recueillies au fil d'échanges précieux avec des acteurs clés du monde juridique. L'auteur a notamment mené des entretiens approfondis avec plusieurs avocats, explorant leurs perspectives éclairées sur l'automatisation et ses potentiels dans les cabinets. Ces discussions ont permis de mettre en lumière les interrogations et les réflexions nuancées de ces professionnels face à cette technologie en pleine évolution.

Au cours de ces échanges, l'auteur a pu identifier deux courants de pensée majeurs et dominants. La première approche, résolument « pro-innovation », considère que l'innovation, même dans une hypothèse où elle ne génère pas nécessairement un profit financier immédiat, contribue toujours à l'enrichissement des connaissances et des compétences des avocats. La seconde approche, plus pragmatique, met l'accent non seulement sur la satisfaction mais aussi sur le souhait des clients.

Selon ce paradigme, l'innovation, en particulier celle qui conduit à l'automatisation, peut améliorer la qualité des services juridiques, mais elle peut également susciter des réticences de la part des clients.

Une éventuelle méfiance de la part des clients peut les inciter à se détourner des cabinets dits « augmentés ». Cette perspective met en lumière l'importance de concilier « la qualité théorique » et « qualité attendue par les clients ». De point de vue commercial, la seconde forme de qualité est plus susceptible d'être plus importante et déterminante.

Plus précisément, la détermination du succès d'une démarche commerciale réside dans l'évaluation de proximité entre la qualité réelle du produit (ou servie) et la qualité attendue (par les clients).

Selon les interrogations réalisées par l'auteur du présent ouvrage, pour les professionnels du droit suisses, en particulier les avocats, cette méfiance se manifeste souvent par un manque de confiance en leurs connaissances technologiques et leur capacité d'adaptation.

Un avocat lausannois, lors d'une interview en septembre 2023, a illustré ce sentiment en déclarant que « cela ne peut plus durer ! Nous sommes des dinosaures, à travailler encore avec du papier. Il est temps que notre profession évolue rapidement en dématérialisant notre travail »[1].

Dans le contexte des sciences psychologiques et managériales, le sujet de la méfiance vis-à-vis de l'intelligence artificielle (et des technologies similaires) a été fait l'objet de réflexions et d'analyses intéressantes par Dr. Berkeley J. DIETVORST, professeure à *Chicago Booth School of Business.*

Son article intitulé *When people Don't trust Algorithms* (publié en 2020) étant centré de plus en plus sur le sujet de « la satisfaction client » aborde les impacts de cette méfiance sur la relation entre les prestataires et les clients[2].

---

[1] SEYDTAGHIA A., « Pour les avocats, la numérisation représente un triple défi majeur », Le Temps, 29 septembre 2023, disponible sur https://www.letemps.ch/economie/pour-les-avocats-la-numerisation-represente-un-triple-defi-majeur (consulté le 2 octobre 2023).

[2] B. J. DIETVORST, (interview réalisée par Paul MICHELMAN), « When people Don't trust Algorithms » In. Review, Mit Sloan Management, How AI Is Transforming the Organization, MIT Press, 2020, pp. 97-104, disponible sur https://univ-scholarvox-com.ezproxy.u-pec.fr/book/88880018 (consulté le 28 septembre 2023).

Une enquête menée par l'auteur auprès de 10 avocats révèle que 80% d'entre eux utilisent des outils dans leur pratique professionnelle, mais seulement 20% estiment que les avocats seront capables de concevoir eux-mêmes les logiciels dont ils ont besoin au sein de leurs cabinets. Ce doute quant à l'intérêt de l'internalisation de la conception des logiciels dans les cabinets d'avocats semble enraciné dans une incertitude quant à leurs capacités matérielles.

Cette méfiance envers leur capacité matérielle pour créer des solutions internes peut être qualifiée comme un « complexe de Cendrillon »[1]. À l'instar de l'héroïne du conte, ils se montrent conscients des limites des systèmes actuels, tout en nourrissant l'espoir inconscient qu'un « prince charmant » providentiel, en l'occurrence un fournisseur des systèmes de l'intelligence artificielle et du numérique, vienne transformer leur pratique professionnelle en la rendant plus efficace, plus rapide et moins chère.

À l'image de Cendrillon dont les pensées étaient tournées vers le royaume lointain du prince, ils négligent parfois les problèmes qu'ils pourraient résoudre par eux-mêmes, se focalisant sur une solution externe.

Cette méfiance vis-à-vis de leur capacité à créer des solutions internes s'apparente à une forme de renoncement d'attentisme. Ils préfèrent espérer l'arrivée d'un sauveur plutôt que de prendre leur destin en main et d'explorer les possibilités qui s'offrent à eux.

Il est essentiel que les professionnels développent leurs compétences et qu'ils adoptent une approche proactive pour intégrer les systèmes de l'intelligence artificielle dans leur pratique.

---

[1] Ce terme a été utilisé, pour la première fois par la célèbre écrivaine états-unienne, Colette DOWLING. ; Cf. C. DOWLING, Le complexe de cendrillon, Grasset, 1982, 88 p.

En conclusion, le « complexe de Cendrillon » face aux technologies émergentes est un frein à l'innovation et à l'évolution du secteur juridique. Il est temps pour les professionnels de se libérer de cette posture passive et d'embrasser ces technologies comme un levier de transformation.

L'intégration des systèmes de l'intelligence artificielle et du numérique dans les cabinets d'avocats est un processus complexe et délicat, nécessitant une approche nuancée. Si la méfiance exprimée par ces professionnels peut paraître compréhensible, elle ne doit pas freiner l'exploration du potentiel de ces technologies.

L'originalité et l'absence de préexistence des solutions présentées dans cet ouvrage soulèvent une difficulté méthodologique majeure, à savoir, l'impossibilité d'analyser des cas pratiques. Par conséquent, les avis des avocats interrogés à ce sujet ne peuvent être considérés comme suffisamment clairs et fiables tant qu'ils ne sont pas concrètement fondés sur une expérience personnelle.

Même si le sujet de la transformation numérique dans le contexte de management des organisations et des entreprises a été assez développé grâce à un grand nombre de travaux de recherche[1], celui de la transformation émergée grâce aux outils algorithmiques semble être assez particulièrement récent.

Les analyses réalisées dans le cadre de cet ouvrage reposent principalement sur des sources scientifiques et des expériences vécues dans des contextes similaires ou dans d'autres régions géographiques.

---

[1] Cf. J. HABIB, M. BEJEAN, J-P. DUMOND, « Appréhender les transformations organisationnelles de la santé numérique à partir des perceptions des acteurs », In. Systèmes d'information & management, 2017, vol. 22, n° 1, pp. 39-69 ; A. DUDEZERT, « La Transformation digitale des entreprises », Éd. La Découverte, coll. Repères, 2018, 128 p., disponible sur https://doi.org/10.4000/questionsdecommunication.20184 (consulté le 13 septembre 2023).

Dans ces circonstances, l'image des solutions proposées par l'auteur peut relever, dans l'esprit public, de celui de la science-fiction. Théoriquement, cela peut être vu comme un atout, puisque la science-fiction est souvent une source majeure d'inspiration pour de nombreuses innovations et inventions jugées auparavant irréalisables par des experts et le grand public[1].

En matière de l'innovation, il est essentiel de s'aventurer au-delà des idées conventionnelles, souvent audacieuses et parfois même inédites. Le recours à des idées inexistantes est donc crucial. Cette démarche est parfaitement illustrée par les propos du célèbre scientifique, Matthew HEPBURN qui affirme que « [...] vous êtes dans le bon chemin si les experts se moquent de vous et disent que c'est impossible »[2].

Ces paroles témoignent d'une vérité fondamentale : la véritable innovation réside dans la capacité à remettre en question le *statu quo* et à explorer des avenues que les esprits traditionnels jugent impossibles.

Par ces mots percutants, HEPBURN met en lumière une réalité souvent négligée : la société des experts n'est pas

---

[1] Th. MICHAUD, De la fiction à l'innovation : Ces visionnaires qui ont changé le monde, Le Manuscrit, 2022, Dimitri Uzunidis, disponible sur https://hal.archives-ouvertes.fr/hal-03583048/document (consulté le 5 décembre 2022). ; NRJ, L'influence de la science-fiction sur l'innovation, 29 juin 2018, disponible sur https://www.nrj.fr/actus/l-influence-de-la-science-fiction-sur-l-innovation-71294729 (consulté le 5 décembre 2022).

[2] M. LEE, « Pentagon scientists develop microchip that detects COVID before symptoms when placed under skin », Washington Examiner, p. 13.
avril 2021, disponible sur https://www.washingtonexaminer.com/news/pentagon-microchip-covid-under-skin (consulté le 22 mai 2023) ; B. WHITAKER, « Military programs aiming to end pandemics forever », CBS News, 11 avril 2021, disponible sur https://www.cbsnews.com/news/last-pandemic-science-military-60-minutes-2021-04-11/ (consulté le 12 juillet 2024).

toujours en phase avec les opportunités révolutionnaires que les sciences émergentes, telles que l'intelligence artificielle, peuvent offrir. En effet, les experts peuvent parfois se retrouver enfermés dans les paradigmes des études passées et des méthodes établies, ce qui limite leur vision des possibles. Cette tendance à se concentrer sur les connaissances et les techniques déjà éprouvées peut restreindre leur capacité à envisager et à embrasser les innovations qui bouleversent les normes actuelles.

En poussant les frontières de la pensée conventionnelle et en osant défier les préjugés des experts, on ouvre la voie à des découvertes et à des avancées qui pourraient transformer notre compréhension et notre utilisation des technologies émergentes. Ainsi, il est impératif pour les innovateurs de persévérer dans leurs explorations audacieuses, même face au scepticisme, car c'est souvent dans ces territoires inexplorés que se trouvent les véritables opportunités de progrès et de transformation.

Nous pouvons en conclure, de manière générale, qu'au niveau étatique, une suprématie en matière de nouvelles technologies dépend davantage de « l'ouverture de la société aux idées innovantes et nouvelles » que « la capacité technique de conception d'outils puissants ». En l'absence d'une expérimentation pratique, les idées présentées dans cet ouvrage peuvent être perçues comme une fiction. Cela ne constitue pas nécessairement un obstacle.

Monsieur Mathias BEJEAN confirme, en s'inspirant par les travaux et les pensées de Jacques RANCIERE[1], Olivier GERMAIN et Amira LAIFI[2], que la fiction peut enrichir notre

---

[1] J. RANCIERE, S. CORCORAN (traducteur), The Edges of Fiction, Wiley, décembre 2019,180 p.

[2] O. GERMAIN, A. LAIFI, « Les possibilités de la fiction pour rendre présente l'organisation », Revue de psychosociologie et de gestion des comportements organisationnels, vol. XXIV, n° 57, 2018/57, pp. 195-208.

connaissance des vérités des attentes et des besoins de la société et que cela peut nous aider à rationaliser des idées innovantes[1].

Cet ouvrage se distingue par une réflexion à la fois ambitieuse et potentiellement audacieuse sur un sujet encore rarement exploré : la création de départements de recherche et développement (R&D) et d'incubateurs au sein des cabinets d'avocats. En abordant cette proposition novatrice, l'auteur ouvre un débat essentiel et inédit sur la manière dont les pratiques juridiques pourraient évoluer à l'ère des innovations technologiques.

En effet, la mise en place de tels départements et incubateurs représente un tournant significatif dans l'intégration des nouvelles technologies dans le domaine juridique. Cette idée soulève des interrogations fondamentales et innovantes concernant la manière dont les cabinets pourraient adapter leurs méthodes de travail pour tirer parti des avancées technologiques, telles que l'intelligence artificielle et les plateformes numériques.

En réfléchissant à la possibilité d'incorporer es structures de R&D, cet ouvrage propose de reconsidérer la manière dont les avocats interagissent avec la technologie, non seulement pour améliorer l'efficacité de leurs services, mais aussi pour initier des changements profonds dans la pratique du droit. Cette approche pourrait transformer les méthodes traditionnelles de travail en permettant une meilleure adaptation aux défis et aux opportunités présentés par l'innovation technologique.

La proposition contenue dans cet ouvrage invite à une réflexion en profondeur sur l'avenir des cabinets d'avocats, en les encourageant à embrasser les évolutions technologiques de manière proactive et créative. Elle ouvre

---

[1] M. BEJEAN, « Fiction as an instrument of conceptual exploration », Management, 2022, n° 25, vol. 2, pp. 83-85, disponible sur https://doi.org/10.37725/mgmt.v25.8701 (consulté le 20 mai 2023).

la voie à une exploration des nouvelles possibilités qui pourraient redéfinir les contours de la profession juridique dans un monde en constante mutation.

En effet, l'intégration des technologies de l'intelligence artificielle et du numérique dans le quotidien des avocats pourrait entraîner une dépendance matérielle vis-à-vis des concepteurs des outils de la *legaltech.* En adoptant ces technologies de pointe, les avocats pourraient se retrouver dans une situation où leur efficacité et leur compétitivité dépendent largement des fournisseurs de ces solutions. Cela pose des interrogations sur l'autonomie des cabinets d'avocats et sur la manière dont ils pourraient gérer cette nouvelle dépendance tout en maximisant les avantages offerts par les innovations technologiques.

Cela souligne également la nécessité de reconfigurer fondamentalement les modèles d'affaires (en anglais : *Business Models*) appliqués par les cabinets d'avocats, ainsi que les méthodes traditionnelles de valorisation et de rémunération de ces professionnels libéraux du droit.

Dans ce contexte, la création de départements internes de R&D au sein des cabinets d'avocats « augmentés » et « virtuels » peut être perçue comme une mesure garantissant leur indépendance tout en réduisant leurs dépenses. Ce sujet est particulièrement sensible non seulement pour la profession d'avocat, mais aussi pour d'autres professions réglementées.

Les récentes évolutions des règlements régissant la profession d'avocat ont offert à ces derniers la possibilité d'exercer des activités annexes, y compris la commercialisation (sous certaines conditions) des produits qu'ils conçoivent. Il s'agit donc d'une nouveauté majeure pour cette profession.

Grâce à ces opportunités matérielles, intellectuelles, technologiques, économiques et commerciales, un nombre croissant de cabinets d'avocats ont déjà commencé à concevoir et à commercialiser des outils d'intelligence artificielle générative (notamment au Royaume-Uni) en collaboration des entreprises privées.

Première partie

Une révolution dans le marché des services juridiques

L'histoire nous montre que chaque révolution industrielle s'accompagne d'un rééquilibrage temporaire de l'économie de marché[1]. Ce phénomène est d'autant plus marqué lorsque la production de masse de services et d'outils ne s'adapte pas instantanément aux besoins du marché et aux infrastructures existantes ainsi qu'aux systèmes opérationnels existants[2].

Ce choc économique doit être géré par les acteurs du marché, et peut engendrer des bénéfices comme des pertes selon sa gestion.

Cet effet semble être aussi remarquablement présent dans le contexte de la révolution de l'intelligence artificielle que celles industrielles précédentes. Selon Messieurs les Professeurs Bruno DEFFAINS et Stéphane BALLER expliquent à ce sujet que « c'est donc bien l'ensemble du marché, tant du côté de l'offre que de celui de la demande qui est impacté par l'émergence de la *legaltech* notamment lorsqu'elle s'appuie sur l'essor de l'intelligence artificielle qui pourrait certes concurrencer l'intelligence réelle des

[1] Cf. A. POTTAGE, B. SHERMAN, Figures of Invention: A History of Modern Patent Law, Oxford University Press, 2010, 232 p.

[2] Cf. M. RAJ, R. SEAMANS, « Artificial Intelligence, Labor, Productivity, and the Need for Firm-Level Data » In. A. AGRAWAL, J. GANS, A. GOLDFARB (dir.), The Economics of Artificial Intelligence: An Agenda, University of Chicago Press, 2019, pp. 553-566.

acteurs traditionnels du marché, mais aussi révéler de nouveaux segments de marché »[1].

Une telle révolution déséquilibre tant les dépenses que les bénéfices des acteurs économiques, englobant les cabinets d'avocats. Elle concerne non seulement leur origine mais aussi leur nature et leur forme. Cela révèle l'émergence d'une reconfiguration structurelle et financière des cabinets d'avocats.

Même dans cet écosystème, la profession d'avocat est déjà concurrencée par les créateurs des outils de la *legaltech*, les premiers peuvent acquérir, grâce à ces technologies, des nouveaux clients qui n'étaient auparavant pas accessibles. Cela consiste en un élargissement considérable de ce marché.

---

[1] B. DEFFAINS, S. BALLER, « Intelligence artificielle et devenir de la profession juridique : l'avenir et présent ! », *Revue Pratique de la Prospective et de l'Innovation*, Lexis Nexis, mars 2017, n°1. Cité dans Ministère de la justice (fr), « rapport à Madame la garde des Sceaux : m'open data des décisions de justice, mission d'étude et de préfiguration sur l'ouverture au public des décisions de justice », novembre 2017, p. 28.

Chapitre 1
Le risque grandissant de la dépendance aux acteurs de la legaltech

Dans l'écosystème professionnel des avocats, les nouvelles technologies peuvent être exploitées de diverses manières et sous différentes formes. La première forme consiste en « la prestation directe des services juridiques par le biais des plateformes en ligne ».

Ce service peut être offert directement par leurs créateurs, qu'ils soient avocats ou non. Un tel phénomène pourrait être qualifié d'« uberisation » des services juridiques. Cette situation peut créer un enjeu concurrentiel significatif entre les avocats et d'autres professionnels, qui ne sont pas avocats mais fournissent, grâce aux systèmes de l'intelligence artificielle générative des services similaires, dits « voisins », tels que la consultation juridique et la rédaction d'actes.

Ce sujet pose également une préoccupation légale et réglementaire puisque selon l'article 56 de la Loi n° 71-1130 du 31 décembre 1971 portant réforme de certaines professions judiciaires et juridiques, seule, les « avocats au Conseil d'État et à la Cour de cassation », les « avocats inscrits à un barreau français », les « notaires », les « huissiers de justice », les « commissaires-priseurs judiciaires », les « administrateurs judiciaires » et les « mandataires-liquidateurs » peuvent donner, dans le cadre des activités définies par leurs statuts respectifs, des consultations juridiques et de rédiger des actes sous seing privé pour autrui.

En mai 2020, l'Assemblée générale du Conseil national des barreaux (CNB) a défini « la consultation juridique » comme « une prestation intellectuelle personnalisée

tendant, sur une question posée, à la fourniture d'un avis ou d'un conseil fondé sur l'application d'une règle de droit en vue, notamment, d'une éventuelle prise de décision »[1].
Le CNB a ainsi affirmé que « l'émergence des *legaltechs* [...] ne remet pas en cause la pertinence de cette définition »[2].
Les résultats fournis par les systèmes de l'IA générative correspondent de plus en plus à cette définition. Par conséquent, en théorie, les avis juridiques générés grâce aux systèmes de l'intelligence artificielle générative ne peuvent être exploitables que lorsqu'ils sont produits au sein d'une structure ayant l'un de ces statuts.

De manière générale, compte tenu des dispositions de l'article 56 de la loi du 31 décembre 1971, le développement des systèmes algorithmiques génératifs dont les résultats peuvent se rapprocher de ceux des consultations juridiques renforce la légitimité des avocats à fournir ces outils aux clients finaux, tout en diminuant celle des entreprises ne disposant pas de ce statut.

La seconde forme de l'exploitation commerciale de ces technologies consiste en « la vente de services d'assistance grâce aux systèmes conçus par les technologies de l'intelligence artificielle » (généralement proposés par les acteurs de la *legaltech*) aux cabinets d'avocats et, éventuellement, aux autres professionnels. Concrètement, cette technologie peut être commercialisée comme un produit à part entière et également utilisé comme un outil d'exercice des activités professionnelles.

---

[1] CNB, « Consultation juridique : proposition d'inscription de la définition dans la loi du 31 décembre 1971 », 19 mai 2020, disponible sur https://www.cnb.avocat.fr/fr/actualites/consultation-juridique-proposition-dinscription-de-la-definition-dans-la-loi-du-31-decembre-1971 (consulté le 7 juillet 2024).
[2] Ibidem.

Actuellement, pour automatiser partiellement leurs fonctions, les cabinets d'avocats recourent aux logiciels et plateformes développés par des entreprises privées. Ces entreprises vendent les mêmes produits (les logiciels) et les mêmes services (principalement les plateformes) à tous les acteurs du droit, y compris les directions juridiques des entreprises.

En augmentant leurs capacités naturelles et conventionnelles grâce à ces outils, les cabinets deviennent de plus en plus dépendants des créateurs de ces systèmes.

La fourniture directe de ces outils et ces services aux particuliers et aux directions juridiques peut également affaiblir la dépendance des clients aux avocats pour résoudre une partie de leurs besoins.

Cette forme de dépendance des professionnels a également été observée dans le contexte du numérique et des services en ligne, notamment avec la numérisation d'une partie des services publics.

Un exemple notable est celui des administrations publiques où les prises de rendez-vous se font exclusivement via des plateformes en ligne. Dans ce cas, non seulement les fonctions de ces administrations, mais aussi le quotidien de nombreuses personnes dépendent de la qualité et même l'existence de ces systèmes et leurs fournisseurs. Cette dépendance peut être encore plus préoccupante lorsqu'il s'agit du stockage de données sensibles dans des bases de données étrangères.

Chapitre 2
L'optimisation de fonction des cabinets virtuels grâce à « la réalité virtuelle »

De nos jours, les avancées technologiques offrent des opportunités sans précédent pour transformer les cabinets d'avocats traditionnels, souvent qualifiés de « dématérialisés », en véritables cabinets « virtuels ». Cette transformation repose sur l'évolution des outils et des méthodes de travail rendues possibles par la technologie moderne.

Les cabinets dématérialisés, qui se distinguent des cabinets physiques par leur mode de fonctionnement à distance, continuent de proposer des services juridiques de manière similaire à leurs homologues traditionnels. Leur principale différence réside dans le fait qu'ils utilisent des outils de communication numériques pour interagir avec leurs clients, ce qui réduit leur besoin d'infrastructure matérielle physique.

En revanche, les cabinets « virtuels » vont encore plus loin en tirant parti des technologies de pointe telles que la « réalité virtuelle ». Ces cabinets peuvent fonctionner de manière largement automatisée, tout en respectant les règles de domiciliation physique applicables aux avocats, même en l'absence d'interactions directes entre les membres du cabinet. Grâce à ces technologies avancées, les cabinets virtuels peuvent offrir des services juridiques innovants et flexibles, tout en optimisant leurs processus et en réduisant les contraintes matérielles.

L'émergence d'une virtualisation complète des cabinets d'avocats soulève une question cruciale : celle de la reconnaissance officielle de la domiciliation purement virtuelle de ces établissements.

Afin que cette évolution puisse se concrétiser, il est impératif que les autorités judiciaires et administratives, ainsi que les barreaux et le Conseil national des barreaux, envisagent et acceptent la possibilité d'une dématérialisation intégrale des correspondances et des communications officielles entre les avocats, les justiciables et les institutions. Cela pourrait nécessiter une reconfiguration des règles déontologiques applicables à ce système.

La mise en place de cabinets d'avocats entièrement dématérialisés pourrait se heurter à une certaine méfiance, tant au niveau populaire qu'institutionnel. Cette réticence pourrait, en effet, avoir un impact négatif sur le nombre de clients et, par conséquent, sur les revenus des cabinets.

Il est important de noter que cette confiance en pleine virtualisation pourrait être renforcée grâce aux avancées technologiques, notamment celles offertes par la réalité virtuelle. En utilisant ces technologies, les cabinets peuvent non seulement améliorer la qualité de leurs services, mais aussi rassurer les clients et les institutions quant à la fiabilité et à la sécurité de leurs opérations virtuelles.

D'un point de vue financier, bien que la diminution du nombre de clients puisse entraîner une baisse des honoraires, cette perte pourrait être compensée par la réduction significative des coûts opérationnels liés à l'infrastructure physique du cabinet. En somme, la transition vers une virtualisation totale, tout en étant un défi, pourrait offrir des avantages économiques notables et ouvrir de nouvelles perspectives pour les pratiques juridiques du futur.

L'utilisation et l'implémentation de ces systèmes peuvent également avoir des répercussions sur la réputation des avocats. Lord Farrer HERSCHELL expliquait dans une correspondance avec Sir George JESSEL qu'« il est important que les gens obtiennent justice. Il est encore plus important qu'on leur fasse sentir et voir qu'ils l'obtiendront correctement »[1] (ce propos a été exprimé dans le contexte des environnements judiciaires des États-Unis). Cela montre l'importance cruciale de la mise en scène des activités et des services juridiques.

L'intelligence artificielle et le numérique, conjugués à des ambitions économiques, à des fantasmes et à des peurs, sont souvent perçus à travers le prisme de « la nouveauté » et de « l'étrangeté », ce qui engendre une certaine méfiance. Dans ce contexte particulier, l'utilisation de systèmes algorithmiques peut potentiellement affecter l'image et la crédibilité d'un cabinet d'avocats. En effet, la perception de la technologie comme étant froide ou impersonnelle pourrait nuire à la confiance des clients.

Une enquête menée en juin 2022 par l'auteur du présent ouvrage a mis en lumière que, lors des consultations juridiques virtuelles, qu'elles soient automatisées ou non, l'apparence des experts joue un rôle déterminant dans la confiance que les justiciables accordent à ces services. Cette constatation souligne l'importance de l'aspect visuel et humain dans l'interaction juridique.

Dans ce cadre, les techniques de réalité virtuelle peuvent offrir une solution efficace pour préserver, voire améliorer, cette image professionnelle. En créant des avatars d'avocats qui reflètent fidèlement, voire embellissent, les attentes et préférences des clients, ces technologies permettent de maintenir un lien personnel et rassurant.

Par exemple, en élaborant des avatars basés sur les données visuelles et vocales des avocats, il est possible d'offrir une représentation numérique qui favorise la confiance des clients tout en conservant une dimension humaine dans les interactions virtuelles. Ainsi, la réalité virtuelle peut jouer un rôle crucial dans la modernisation

---

[1] J. B. ATLAY, The Victorian Chancellors, Smith, Elder & Company, 1908, p. 460.

des services juridiques, en alliant technologie et personnalisation pour renforcer la relation client.

Il est donc possible de créer un espace virtuel de cabinet d’avocats avec des décors choisis par les clients et des avatars d’avocats personnalisés selon leurs préférences. Par exemple, si un client préfère des yeux verts, des cheveux bruns et une voix douce, il pourra recevoir des conseils juridiques d’un avatar correspondant à ces caractéristiques. Il est même envisageable de réaliser des consultations dans des espaces virtuels avec des avatars attrayants, comme un chat ou un papillon (par exemple), pour renforcer l'attractivité du service et stimuler esthétiquement et inconsciemment la confiance des clients.

Seconde partie

Une reconfiguration du modèle d'affaires des cabinets d'avocats

La transition vers l'automatisation et la numérisation des cabinets d'avocats entraîne une réduction substantielle des coûts, couvrant divers aspects de leur fonctionnement. En automatisant certaines tâches, notamment celles traditionnellement dévolues au secrétariat et à la gestion manuelle des dossiers, les cabinets peuvent économiser significativement sur les ressources humaines et les infrastructures nécessaires. Cela inclut la diminution des dépenses liées à l'acquisition ou à la location de locaux, ainsi qu'à la consommation d'énergie pour les opérations quotidiennes.

L'impact de cette transformation ne se limite pas seulement à l'aspect financier. La réduction de la nécessité d'embaucher de nouvelles personnes pour effectuer des tâches répétitives accroît la disponibilité des avocats, tant matériellement qu'économiquement et intellectuellement, leur permettant ainsi de consacrer plus de temps et de ressources à un nombre plus important de clients. Grâce aux technologies numériques, les cabinets peuvent également étendre leur influence au-delà des barrières géographiques traditionnelles, offrant leurs services à une clientèle plus vaste et diversifiée.

Cependant, cette évolution vers l'automatisation et la numérisation n'est pas sans défis. La création de départements de recherche et développement (R&D) dans les cabinets d'avocats[1] engendre un besoin croissant de recruter des spécialistes non juridiques, tels que des développeurs et des experts en conformité et en qualité des systèmes.

Bien que ces changements ouvrent de nouvelles perspectives et optimisent les opérations, ils introduisent également des obligations légales et des coûts associés à l'implémentation et au maintien de ces technologies, conformément au Règlement européen sur l'intelligence artificielle. Ainsi, l'avenir des cabinets d'avocats se dessine dans un paysage où les bénéfices de la technologie doivent être équilibrés avec les coûts et les contraintes réglementaires, soulignant la nécessité d'une stratégie bien pensée pour naviguer dans cette nouvelle ère.

---

[1]. V. Troisième partie du présent ouvrage.

Chapitre 1
La réduction des coûts habituels des cabinets d'avocats

Dans ce contexte, les technologies de l'intelligence artificielle et du numérique sont à la fois un objet commercial et un sujet de la justice. Elles renforcent nécessairement l'importance des considérations économiques.

L'intelligence artificielle améliore la puissance et l'efficacité opérationnelle des outils, tandis que les technologies numériques élargissent le champ d'application et d'applicabilité de ces outils.

Monsieur Vincent LEMAIRE souligne que « le numérique est trop fréquemment associé à sa composante économique » [1].

L'analyse économique du droit, théorie élaborée au début du XXe siècle au sein des facultés de droit et de commerce de l'Université Harvard, postule que l'évolution du droit est fortement influencée par des facteurs économiques. Le présent ouvrage suggère que les réglementations et les décisions judiciaires sont façonnées par les coûts et les bénéfices associés aux activités économiques. L'automatisation des tâches juridiques s'inscrit parfaitement dans cette dynamique, servant de catalyseur et d'outil pour introduire directement ces

---

[1] V. LEMAIRE, « Le droit public numérique à travers ses concepts : émergence et transformation d'une terminologie juridique », Thèse de doctorat en droit public, 1er juillet 2019, Université Paris 1 Panthéon-Sorbonne, p. 347.

influences économiques dans la création et l'évolution du droit[1].

L'introduction de l'automatisation dans le secteur juridique offre non seulement une optimisation des processus, mais aussi une réduction significative des coûts opérationnels.

En transformant des tâches répétitives et chronophages, telles que la recherche juridique ou la préparation de documents, en processus automatisés, les cabinets d'avocats et autres entités juridiques peuvent réallouer leurs ressources de manière plus stratégique. Ceci favorise une plus grande efficacité économique au sein des cabinets, tout en ouvrant la voie à de nouvelles formes de prestation de services juridiques.

De plus, l'automatisation peut avoir des implications profondes sur le contenu même du droit. À mesure que les algorithmes et les systèmes d'intelligence artificielle sont intégrés dans la pratique juridique, ils influencent les normes et les attentes en matière de diligence, de précision et de rapidité. Les évolutions légales commencent à refléter ces nouvelles réalités technologiques, adaptant les régulations pour encadrer l'utilisation de ces outils et assurer la protection des droits fondamentaux dans un contexte de plus en plus numérique. Ainsi, l'automatisation n'est pas seulement un phénomène technologique, mais un vecteur de transformation légale qui redéfinit les contours de la profession juridique.

En suivant la logique soutenue par cette théorie, nous pouvons estimer que les besoins et les enjeux économiques et commerciaux reconfigurent non seulement le fonctionnement matériel des cabinets d'avocats, mais également le fondement du droit et la nature de son

---

[1] R-A. POSNER, POSNER R. A., Economic Analysis of Law, Little, Brown and Company, éd. 1, 1973, 415 p.

écosystème. C'est pourquoi les effets du recours massif à ces technologies sont si considérables.

Le succès du recours à ces technologies est particulièrement justifié par une logique économique visant à réduire les dépenses du fonctionnement des cabinets. L'utilisation de ces outils par les avocats peut leur apporter des avantages économiques immédiats.

À long terme, cela pourrait également offrir des bénéfices directs aux cabinets qui en profitent. La réduction de leur dépense peut également présenter des avantages économiques indirects pour leurs clients.

La production d'avantages directs et indirects similaires a déjà été observée dans le contexte de la commercialisation des véhicules autonomes. Contrairement à certaines applications de l'intelligence artificielle directement liées à l'amélioration du bien-être humain, comme les outils destinés aux actions quotidiennes des personnes handicapées ou ceux utilisés en médecine (par exemple pour les opérations chirurgicales), la motivation principale de conception des véhicules autonomes semble être avant tout économique.

Cette observation révèle une ressemblance entre l'utilisation de cette technologie dans ce domaine et celle dans les cabinets d'avocats (même si à long terme, cela peut prendre forme d'une mission d'intérêt public en favorisant l'accès à la justice et au droit).

Dans l'exemple des véhicules autonomes, en parallèle de la génération d'avantages économiques directs et immédiats pour leurs créateurs, fournisseurs et utilisateurs (liés à la réduction des coûts ainsi qu'à la vente et à l'utilisation de ces systèmes), à long terme, le renforcement de la sécurité des transports et la réduction des pertes liées aux accidents peuvent également générer des avantages économiques indirects pour les conducteurs et leurs familles ainsi que pour les acteurs des assurances et des administrations.

De manière similaire, dans les cabinets d'avocats, la diminution des tâches répétitives et des dépenses associées peut offrir des avantages économiques directs et immédiats.

En outre, en réduisant le taux d'erreur dans les requêtes et les mémoires de défense et en améliorant la qualité formelle des consultations, cette technologie pourrait, indirectement, réduire le nombre de recours aux juridictions (en particulier celles du second degré).

Ces technologies peuvent jouer un rôle crucial dans la facilitation, l'amélioration et l'accélération des processus de résolution amiable des litiges, permettant souvent de trouver une solution avant de devoir recourir à une procédure judiciaire.

Ce mécanisme de résolution anticipée présente plusieurs avantages économiques indirects au sein du système judiciaire au sens large. En réduisant le besoin de procès, ces technologies diminuent les coûts juridiques pour les parties concernées, libèrent des ressources judiciaires, et accélèrent le règlement des affaires.

En effet, ces technologies offres des outils de communication et de négociation plus fluides, permettant aux parties de dialoguer plus efficacement et de partager des informations en temps réel. Cela peut réduire les malentendus, clarifier les positions de chacun et faciliter la négociation de solutions mutuellement acceptables.

Les outils d'intelligence artificielle, par exemple, peuvent analyser rapidement des données complexes pour aider les parties à visualiser les conséquences potentielles de différentes solutions, conduisant à des décisions plus éclairées et à une satisfaction accrue des résultats obtenus. Par ailleurs, en minimisant le temps et les ressources nécessaires pour résoudre un litige, ces technologies permettent aux avocats et aux juges de se concentrer sur les affaires qui nécessitent vraiment une attention judiciaire, optimisant ainsi l'efficacité du système juridique.

Ces avantages s'étendent également aux justiciables, qui bénéficient d'un processus plus rapide et moins coûteux, augmentant ainsi l'accessibilité à la justice. Cette intégration technologique, tout en remodelant le paysage juridique, offre de nouvelles perspectives pour un système judiciaire plus équitable et plus efficace, aligné sur les besoins économiques et sociaux contemporains.

Chapitre 2
Le renforcement de l'accessibilité et de la rapidité des services

De nombreux experts dans le domaine économique définissent le modèle d'affaires de manière relativement simple, comme un système destiné à générer des revenus et à contrôler les coûts[1]. Cette définition peut sembler basique, mais elle encapsule l'essence de la manière dont une entreprise opère pour gagner de l'argent. C'est un concept qui combine des éléments essentiels tels que les sources de revenus, les structures de coûts, et la manière dont ces éléments s'interconnectent pour soutenir la viabilité économique d'une entreprise.

Allan AFUAH, éminent chercheur dans le domaine de la gestion stratégique, propose une définition plus nuancée et complète. Il décrit le modèle d'affaires comme « l'ensemble des activités qu'une entreprise exerce, comment elle les exerce et quand elle les exerce afin d'offrir à ses clients les avantages qu'ils souhaitent et de réaliser un profit »[2]. Cette définition souligne l'importance de la planification stratégique et de la compréhension approfondie des besoins des clients dans le processus de création de valeur. Selon lui, le succès d'un modèle d'affaires repose sur sa capacité à identifier et à exécuter les activités qui génèrent une valeur supérieure pour les clients, tout en assurant la rentabilité pour l'entreprise.

---

[1] Cf. P. F. DRUCKER, « The Theory of the Business », Harvard Business Review, vol. 72, n° 5, 1994, pp. 95-104.

[2] S. ŠTEFAN, B. RICHARD, « Analysis of Business Models », Journal of Competitiveness, vol. 6, n° 4, décembre 2014, p. 20.

Cette vision du modèle d'affaires met en lumière le rôle central de l'innovation et de l'efficacité opérationnelle. Il ne s'agit pas simplement de mettre en œuvre des processus existants de manière plus rentable, mais aussi d'innover continuellement pour répondre à l'évolution des préférences des clients et aux dynamiques du marché. La définition donnée par Allan AFUAH illustre comment le modèle d'affaires doit être flexible et réactif, permettant aux entreprises de s'adapter aux changements rapides de l'environnement économique et technologique.

De plus, les modèles d'affaires modernes doivent prendre en compte les défis croissants liés à la durabilité et à l'éthique. Les entreprises sont de plus en plus tenues responsables de l'impact de leurs activités sur l'environnement et la société. Par conséquent, un modèle d'affaires efficace doit intégrer des pratiques durables et éthiques pour assurer non seulement la rentabilité à court terme, mais aussi la viabilité à long terme.

Pour Allan AFUAH, un modèle d'affaires est composé par 4 components déterminant la rentabilité des activités des entreprises, à savoir, (1) les ressources, (2) les coûts, (3) les facteurs industriels et (4) sa position (principalement commerciale et concurrentielle)[1]. Aujourd'hui, les technologies de l'intelligence artificielle et du numérique reconfigurent l'ensemble de ces éléments.

Henry CHESBROUGH et Richard S. ROSENBLOOM définissent le modèle d'affaires comme un outil « fournit un cadre cohérent qui prend les caractéristiques et les potentiels technologiques comme intrants et les convertit par l'intermédiaire des clients et des marchés en intrants économiques. Le modèle d'affaires est ainsi conçu comme un dispositif de focalisation qui sert d'intermédiaire entre le

---

[1] Ibidem., p. 22.

développement technologique et la création de valeur économique »[1].

Pour Joan MAGRETTA, le modèle d'affaires raconte « des histoires qui expliquent le fonctionnement des entreprises »[2]. Cette métaphore souligne l'importance de la narration et de la clarté dans la présentation du fonctionnement d'une entreprise, mettant l'accent sur les aspects financiers tels que les dépenses et les gains

Le modèle d'affaires peut revêtir diverses formes[3]. Quel que soit son format, il vise à concrétiser le fonctionnement de l'entreprise en matière de dépenses et de gains. Il constitue ainsi l'outil principal d'optimisation des stratégies des structures pour renforcer les bénéfices et réduire les coûts.

Dans le contexte des cabinets d'avocats, l'automatisation et la virtualisation émergent comme des conditions nouvelles qui doivent être intégrées au modèle d'affaires. Ces transformations technologiques requièrent une phase expérimentale pour identifier pleinement leurs impacts et pour adapter le modèle d'affaires en conséquence. Il devient essentiel de considérer ces conditions pour élaborer un modèle d'affaires qui soit à la fois résilient et adaptatif, capable de naviguer dans un environnement en constante

---

[1] H. CHESBROUGH, R. S. ROSENBLOOM, « The role of the business model in capturing value from innovation: evidence from Xerox Corporation's technology spin-off companies », Industrial and Corporate Change, vol. 11, n° 3, June 2002, p. 532, disponible sur https://doi.org/10.1093/icc/11.3.529 (consulté le 28 mai 2023).

[2] R. CASADESUS-MASANELL, J. ENRIC RICART, From Strategy to Business Models and to Tactics, novembre 2009, p. 4, disponible sur https://www.hbs.edu/ris/Publication%20Files/10-036.pdf (consulté le 28 mai 2023).

[3] E. FIELT, « Conceptualising Business Models: Definitions, Frameworks and Classifications », Journal of Business Models, vol. 1, n° 1, 2013, pp. 93-96, disponible sur www.journalofbusinessmodels.com/media/1017/vol-1-no-1-pp-85-105.pdf (consulté le 28 mai 2023).

évolution. Ainsi, le modèle d'affaires n'est pas seulement un schéma statique mais un outil dynamique qui doit s'adapter aux nouvelles réalités et aux innovations technologiques. Il offre un cadre stratégique pour les entreprises qui cherchent à tirer parti des avancées technologiques tout en assurant une croissance durable et rentable.

Nous avons précédemment expliqué que le modèle d'affaires des entreprises de la *legaltech* doit être adapté à leur structure, pouvant être en principe B2B ou B2C. Ces entreprises peuvent à la fois « vendre les outils qu'elles fabriquent aux cabinets d'avocats » et/ou « prester directement certains services juridiques auprès des clients ». Le modèle envisageable dans chacun de ces cadres peut différer.

Dans le second cas, ces activités concurrentielles et cette captation de la clientèle des avocats (notamment parmi les directions juridiques) pourraient potentiellement réduire le nombre de leurs clients, notamment pour la consultation juridique et la rédaction des actes, à l'exception notable de la représentation devant les juridictions et les ventes aux enchères qui relèvent toujours de la compétence exclusive des avocats.

Cependant, cela ne constitue pas un danger immédiat pour les avocats, puisque ces technologies peuvent également ouvrir de nouveaux marchés (notamment géographiques) dont les avocats peuvent tirer profit. L'accessibilité directe des services juridiques par les plateformes en ligne, fabriquées par les entreprises, pourrait être qualifiée d'« ubérisation des services juridiques ».

Ce terme pourrait être légitimement utilisé pour décrire les modèles d'affaires conçus pour les outils de *legaltech* dédiés à « la consultation automatisée » et à « la rédaction automatisée des actes et des textes juridiques ».

En outre, grâce à ces technologies, les moteurs de recherche avancés permettant désormais de mettre en relation les clients avec les professionnels du droit, notamment des avocats, en fonction de leurs compétences spécifiques. Ce modèle d'affaires peut être décrit comme la « tinderisation des professions du droit ».

Cette expression fait référence à la célèbre application de rencontres *Tinder*, qui utilise une analyse algorithmique des caractéristiques des profils des utilisateurs pour sélectionner et proposer automatiquement des correspondances susceptibles de répondre aux attentes de chaque utilisateur.

Plus précisément, dans ce cadre, ces algorithmes identifient les caractéristiques des profils des utilisateurs et les trient par ordre de pertinence par rapport à des critères qui sont partiellement définis, en partie directement par les utilisateurs et en partie automatiquement par les algorithmes. Le fonctionnement de ce type de moteur de recherche peut être particulièrement comparé à celui de l'application mentionnée précédemment.

Il convient de distinguer les moteurs de recherche classiques, utilisant des techniques d'apprentissage automatique, de la seconde génération de moteurs de recherche. Ces derniers, dotés d'un degré d'autonomie plus élevé, utilisent des techniques d'apprentissage automatique et d'apprentissage profond pour obtenir des résultats plus précis, en tenant compte de tous les détails des expertises de chaque avocat.

Le concept de « tinderisation » devient de plus en plus compatible avec le fonctionnement des outils de cette seconde catégorie. Dans ce système, contrairement aux autres outils mentionnés, aucun service juridique ne serait directement rendu par les concurrents des avocats via ces plateformes.

En effet, Cela permet simplement aux professionnels et aux clients de se rencontrer, créant ainsi de la valeur économique par le biais d'intermédiaires. Ce modèle économique permet de maintenir la concurrence entre les avocats sur ces plateformes, sans compromettre la qualité ou l'intégrité des services fournis.

Nous pouvons conclure que l'amélioration de l'accès à la justice grâce à ces outils algorithmiques et numériques peut naturellement engendrer des effets « ubérisateurs » (principalement grâce à la rédaction automatisée des textes et la consultation automatisée) et « tinderisateurs » (via les moteurs de recherche des professionnels du droit) sur les professions libéraux du monde de droit. Bien que chacun de ces systèmes repose sur un modèle d'affaires distinct, ils peuvent être judicieusement et harmonieusement combinés pour optimiser l'efficacité et l'accessibilité des services juridiques.

Cette synergie entre les différents outils technologiques offre une opportunité unique de repenser l'organisation traditionnelle des cabinets d'avocats et d'élargir la portée des services juridiques. En combinant l'automatisation de certaines tâches avec des plateformes de mise en relation, les cabinets d'avocats peuvent non seulement accroître leur efficacité et réduire leurs coûts, mais aussi accéder à une clientèle plus diversifiée, améliorant ainsi leur compétitivité dans un marché en constante évolution.

Ainsi, une entreprise peut offrir une gamme de services d'assistance juridique (à l'exception de la consultation, de la rédaction des actes et de la représentation devant les instances judiciaires), tout en facilitant la mise en relation des clients avec des avocats pour les services qui relèvent de leur compétence exclusive.

La combinaison de ces services semble particulièrement judicieuse, puisque les questions juridiques simples peuvent être traitées avec une grande qualité par les algorithmes (tant que le résultat final ne prenne pas la forme d'une consultation juridique), tandis qu'il est préférable de confier les problématiques très spécifiques et complexes aux experts spécialisés.

Cela permet également de maintenir un équilibre harmonieux entre les expertises humaines et les collaborations avec l'intelligence artificielle. À ce jour (la date de publication de cet ouvrage), aucun logiciel algorithmique de mise en contact entre les professionnels du droit et les clients, basé sur le modèle du logiciel *Tinder* ou sur le modèle combiné décrit précédemment, n'a été conçu. Il s'agit donc d'une proposition émanant de l'auteur de cet ouvrage.

Ces évolutions ne se limiteront pas au marché des prestataires de services juridiques. Elles concernent également le grand public. La *legaltech* a permis aux justiciables d'acquérir une autonomie partielle dans la réalisation de certaines de leurs démarches juridiques, notamment grâce aux outils « no-code ».

Ces technologies ont également transformé plusieurs fonctions existantes. Par exemple, autrefois, les justiciables devaient utiliser des annuaires classiques pour trouver manuellement les avocats ayant les compétences requises. Aujourd'hui, grâce à ces avancées, cette recherche peut se faire en deux clics à l'aide de moteurs de recherche spécialisés[1].

Dans ce contexte, nous pouvons classer ces moteurs de recherche en deux catégories. La première relève des techniques de l'intelligence artificielle faible et fonctionne de manière similaire aux annuaires classiques. Ces systèmes s'appuient sur l'apprentissage automatique pour

---

[1] Cf. Village de la justice, « Avocats, sur quels annuaires vous référencer ? », 18 juin 2021, disponible sur https://www.village-justice.com/articles/Annuaires-pour-Avocats,21074.html (consulté le 24 juin 2021).

rechercher des éléments tels que le nom, le prénom, la situation géographique, les compétences, les diplômes et les avis d'autres clients. Par exemple, l'annuaire du Conseil national des barreaux de France (CNB) fait partie de cette catégorie.

En réalité, il semble que ces outils n'offrent pas de valeur ajoutée significative par rapport aux annuaires traditionnels, tels que les pages jaunes et blanches. Selon une analyse approfondie réalisée par l'auteur en juillet 2023, il apparaît que tous les moteurs de recherche présents sur le marché français de la *legaltech* se rangent sous cette première catégorie.

Les outils actuels de mise en relation fonctionnent sur une base de catégorisation très générale des spécialités, qui sont définies et identifiables principalement par des mots-clés. Par exemple, ces outils permettent aisément de repérer un avocat spécialisé en droit de la famille, mais n'offrent pas de finesse ou de précision au-delà de cette identification sommaire.

Ainsi, bien que ces plateformes puissent être utiles pour une recherche de base, elles ne semblent pas encore avoir évolué pour fournir une véritable plus-value ou une profondeur d'information comparable à ce que l'on pourrait attendre d'outils plus sophistiqués et plus adaptés aux besoins spécifiques des utilisateurs.

Les outils de la seconde catégorie sont plus complexes et combinent différentes techniques d'apprentissage automatique et d'apprentissage profond. Ils offrent la possibilité de détecter et d'analyser automatiquement des éléments clés des faits et des circonstances des litiges, permettant une mise en relation plus précise et pertinente.

À la suite de la détection de ces éléments, le système d'intelligence artificielle peut créer, grâce aux algorithmes, un modèle précis et synthétique basé sur les caractéristiques de la requête.

Ensuite, ce modèle peut être comparé aux jurisprudences les plus similaires. Les avocats ayant obtenu les meilleurs résultats dans ces affaires pourraient alors être recommandés aux clients. Contrairement à la première catégorie où la recherche est basée sur le profil personnel des avocats, dans la seconde, elle serait basée sur les détails des faits et des circonstances des contentieux.

Il est important de noter qu'à ce jour, les outils relevant de cette seconde catégorie n'ont pas encore été présentés par une entreprise de *legaltech*. Il s'agit d'une innovation inédite qui pourrait renforcer la spécialisation de la profession d'avocat. Cela relève donc d'une idée protégée par l'auteur de cet ouvrage.

Nous pouvons considérer que ces moteurs de recherche, en améliorant l'accessibilité aux expertises de manière de plus en plus précise, reconfigurent le concept de « spécialisation ».

Ils pourraient ainsi mener à la disparition progressive de la profession d'avocat généraliste ou, au moins, impacter le nombre de clients et le chiffre d'affaires des cabinets d'avocats généralistes.

Ces outils peuvent soulever des problèmes importants liés à la concurrence[1]. La commercialisation de ces systèmes et la manipulation de leur fonctionnement pourraient également conduire à une augmentation artificielle de la notoriété de certains avocats ou cabinets.

En cas de la création et de la mise en place de cette seconde catégorie de moteurs de recherche, un contrôle renforcé doit être exercé sur leur fonctionnement afin de vérifier l'authenticité des informations affichées sur ces plateformes et de garantir l'équité de la concurrence professionnelle qu'ils engendrent.

---

[1] Cf. F.H. STEPHEN, Lawyers, Markets and Regulation, Edward Elgar, 2013, pp. 7-20 et pp. 44-62.

Comme d'autres outils numériques et algorithmiques, ces derniers abolissent les barrières géographiques entre les avocats et les clients. Dans ce contexte, les entreprises de *legaltech* et les cabinets d'avocats qui intègrent ces outils pourraient potentiellement dominer ce marché à l'échelle mondiale.

Par exemple, imaginez qu'il n'y ait qu'un seul avocat dans un village. Dans un système traditionnel, les habitants de ce village devraient solliciter cet avocat pour toutes les problématiques juridiques, même si ses compétences sont limitées. En effet, les contraintes géographiques ne leur laissent pas d'autre choix.

Ainsi, les cabinets d'avocats opérant dans des espaces « virtuels » peuvent attirer ces clients potentiels qui ont besoin de leurs expertises mais n'ont pas accès aux avocats physiquement présents dans leur région. Ces avocats peuvent être perçus comme « les Marcopolos du monde du droit ».

Ce phénomène peut être qualifié de « tourisme de prestation de services juridiques ». Un tel environnement « sans distance » intensifie la concurrence entre les avocats de manière différente de celle qui existe actuellement.

L'extension de ce champ est particulièrement notable en droit international et régional. Ce principe s'applique également dans des systèmes fédéraux et confédéraux comme les États-Unis, le Canada et la Suisse, permettant aux avocats de conquérir même les marchés étrangers.

Il est important de rappeler qu'en matière de représentation devant les juridictions, la pratique professionnelle des avocats est généralement limitée au barreau auquel ils appartiennent. Par conséquent, cette extension concerne principalement des services tels que la consultation juridique et la rédaction d'actes. Grâce à ces outils, les cabinets d'avocats peuvent bénéficier d'avantages économiques sans intervention directe des avocats.

Chapitre 3
Vers une nouvelle logique de valorisation des services des cabinets d'avocats

Malgré son caractère réglementé et strictement encadré, la profession d'avocat peut être considérée comme une activité professionnelle libérale fortement influencée par les enjeux économiques et commerciaux.

Elle ne peut donc échapper à l'influence de la révolution de l'intelligence artificielle, qui constitue un pilier majeur du développement économique et un outil efficace de réduction des dépenses pour les cabinets, tout en augmentant leur chiffre d'affaires. Son usage a également un impact direct sur la nature, le montant et les modalités d'évaluation des honoraires des avocats.

Comme toutes les autres structures commerciales classiques, la fixation des honoraires des avocats est fortement dépendante des enjeux concurrentiels. Ces honoraires doivent également être établis en cohérence avec les investissements et la qualité du service rendu. En effet, ils doivent être déterminés de manière raisonnable.

Selon les règlements relatifs à l'exercice de la profession d'avocat, ces honoraires peuvent être soit « fixes » (forfaitaires), soit « variables » dits « de résultat » [1]. Le recours aux outils algorithmiques peut également influencer la détermination du montant des aides juridictionnelles.

Le recours à ces logiciels permettant aux avocats de se débarrasser de tâches répétitives, tout en réduisant certaines

---

[1] Loi du 31 décembre 1971, art. 10, loi du 10 juillet 1991, art. 32 et s. ; décret du 27 novembre 1991, art. 174 et s. ; décret du 12 juillet 2005, art. 10 et s. ; R.I.N., art. 9, 11 et 21 ; C. com., art. L. 441-6.

dépenses (comme celles liées à la documentation, la traduction, etc.) et le temps investi, impose également d'autres coûts (tels que l'achat ou l'abonnement aux outils fournis par les entreprises).

Cela transforme fondamentalement le système de valorisation des prestations et la logique de rémunération des avocats. Ces évolutions nécessitent une reconfiguration fondamentale de leurs modèles d'affaires et leur mécanisme de facturation.

Les technologies de l'intelligence artificielle et du numérique sont porteuses d'un grand nombre de solutions nouvelles et émergentes. Elles évoluent et se multiplient perpétuellement. Cela explique la dynamique de la transformation matérielle des cabinets d'avocats, caractérisée par la diversité et l'hétérogénéité des usages de ces technologies.

Ces technologies présentent la possibilité d'automatisation des tâches variées telles que « la correction et la rédaction d'actes », « la recherche », « la traduction » (dans les cabinets d'avocats bilingues et multilingues, cette technologie peut être utilisée pour mettre en place une traduction automatique en temps réel des échanges entre les justiciables et les membres de juridictions) ainsi que « la communication »[1].

Ces technologies peuvent également, de manière entièrement automatisée, effectuer les travaux préparatoires de la défense et de consultation, ainsi qu'une éventuelle interrogation automatisée des clients. Cela permet de structurer les données et les informations liées à l'affaire de manière plus pertinente et plus rapide.

---

[1] Y. OGAWA, I. KAZUHIRO, T. KATSUHIKO, « Evaluation Metrics for Consistent Translation of Japanese Legal Sentences » In FRANCESCONI E., MONTEMAGNI S., PETERS W., TISCORNIa D. (dir.), Semantic Processing of Legal Texts, vol 6036, Springer, pp 235-248.

Elles peuvent également servir à vérifier « l'obligation de diligence » (tant au sein des cabinets d'avocats que des directions juridiques), à évaluer « la chance de réussite d'un litige devant la justice », à estimer « le montant des honoraires des avocats » ainsi que « le montant des indemnités pouvant être réclamées pour préparer les préjudices » (notamment par le biais de l'analyse des jurisprudences similaires).

Des utilités spécifiques peuvent également être développées pour traiter les cas relatifs à chaque domaine du droit. Par exemple, en droit de la famille, et plus précisément dans les affaires de divorce, les systèmes d'intelligence artificielle peuvent être utilisés pour la détermination automatisée du montant de la prestation compensatoire[1].

En réalisant une analyse algorithmique des faits et des circonstances des affaires et en les comparant avec des textes de jurisprudences similaires (exploités à partir des bases de mégadonnées), ces systèmes seront également capables de prédire les arguments de la défense des avocats des parties adverses. Cela permettrait aux avocats de concevoir des stratégies de défense pertinentes face aux arguments des autres parties au litige.

À ce jour, aucun outil présentant ce type de service n'est pas commercialisé dans les marchés européens américains de la *legaltech*[2]. Un tel système, capable de modéliser et

---

[1] B. JEANDIDIER, J-C. RAY, J. MANSUY, « 8 Analyses quantitatives de décisions de justice en matière de prestation compensatoire dans une perspective de justice prédictive » In. I. SAYN (coord.), Justice et numérique. Quelles (r)évolutions? Actes du Séminaire e-juris, La semaine juridique, éd. générale supplément au n° 44-45, 28 octobre 2019, pp. 41-46.

[2] Cf. K. SILVERMAN, Th.A. CAMPBELL, « The knotty problem of applying real-world laws to VR and AR », World Economic Forum, 24 août 2021, disponible sur https://www.weforum.org/agenda/2021/08/real-world-laws-ar-and-vr/ (consulté le 30 août 2021).

simuler les défenses des parties adverses, peut être utilisé au sein des écoles de formation des barreaux afin d'entraîner les élèves-avocats de façon autonome, même à distance et sans l'intervention humaine.

Dans l'hypothèse où les avocats de deux parties utilisent les mêmes techniques algorithmiques (voire les mêmes logiciels) pour élaborer leurs raisonnements, ils pourraient avoir accès aux modèles génériques de plaidoirie utilisés par leurs adversaires. Ils seraient ainsi contraints de renforcer le fondement de leur défense par d'autres moyens afin de valoriser leurs analyses et les distinguer de celles élaborées par les algorithmes.

À long terme, une telle approche pourrait améliorer la qualité générale des services des avocats. De plus, cette fonctionnalité de l'intelligence artificielle peut jouer un rôle important dans la formation des juristes, en particulier des élèves avocats. Elle peut également être utilisée pour analyser et authentifier des éléments de preuve.

Certains outils algorithmiques plus puissants, en particulier ceux ayant la capacité de génération automatisée, peuvent surpasser leur capacité actuelle et prester les services de la consultation juridique.

Aujourd'hui, un certain nombre de startups propose des services similaires, mais leur système ressemble plutôt au système classique d'un *chatbot*, seulement capable de répondre à un champ très limité et déterminé de questions. En effet, ces systèmes sont capables de répondre à des questions personnalisées avec un niveau faible de sophistication.

Les progrès récents de cette technologie nous permettent également de créer des systèmes plus sophistiqués - et potentiellement plus pertinents - tels que celui de la « modélisation du raisonnement juridique » et de la « reproduction automatisée des analyses juridiques ».

Afin de mieux clarifier les impacts de cette révolution structurelle, nous pouvons imaginer l'exemple d'automatisation du secrétariat juridique dans les cabinets d'avocats constituant une des parties les plus formalistes du fonctionnement des cabinets pouvant être automatisé sans recourir aux systèmes de l'intelligence artificielle générative.

Dans cet exemple, nous imaginons cette automatisation avec les outils existants qui relèvent de la catégorie des systèmes « non-code » qui relèvent plutôt des outils du numérique que celle de l'intelligence artificielle.

Pour imaginer un cas fictif d'automatisation, nous considérons qu'en premier lieu, l'automatisation de la gestion du calendrier (fonctionnant de manière centralisée en donnant l'accès à tous les membres du cabinet) peut être réalisée par le logiciel *Calendly* (ou les logiciels similaires).

Ensuite, grâce à certains logiciels de gestion tels que *Typeform* et *Tally*, cela serait possible de remplir les questionnaires et enregistrer les informations recueilles dans les fichiers et les dossiers appropriés. Ainsi, la planification des réunions et la gestion des dossiers se réalise par les logiciels *Airtable* et *Notion*.

En ce qui concerne la communication (automatisée) des réponses aux clients, la création d'une interface entre (i) les composants de ce réseau (les outils mentionnés), (ii) une plateforme de messagerie et (iii) un système de l'intelligence artificielle générative fourni par la société *OpenAI,* comme *ChatGPT* permettra de répondre aux questions communiquées par e-mail, planifier automatiquement des rendez-vous et des réunions et de recueillir les informations nécessaires pour gérer le dossier sans aucune intervention humaine.

Grâce aux plateformes d'interface comme *Zapier* et *Ma ke*, ces outils peuvent être reliés et fonctionner en interaction entre eux. Dans ce cas, par exemple, si une réunion est annulée, cette information sera automatiquement transmise (via *Zapier* ou *Make*) du logiciel *Airtable* à ceux *Tally* et *Calndly*.

Ainsi un message automatique sera généré par le logiciel *ChatGPT*. Ensuite un courriel et avec une nouvelle proposition de créneau pour une nouvelle réunion sera envoyé aux participants. Dans ce réseau, chaque logiciel s'autoprogramme à partir des données transmises par les autres.

Cela représente une nouvelle catégorie qui s'approche à celle des systèmes algorithmiques. En réalité, c'est la création d'une interface entre ces outils qui permet de constituer un réseau d'automatisation des tâches.

Chacun des outils mentionnés précédemment peut être considéré comme un outil d'aide à la décision tant qu'il est utilisé ou piloté manuellement par des humains. Dans ce contexte, leurs impacts sur la gestion des cabinets relèvent des catégories plus classiques de « la numérisation », « la dématérialisation » et « la déspatialisation », qui ont fait l'objet de nombreuses recherches en gestion des entreprises.

En France, ces recherches ont notamment été menées par des chercheuses et chercheurs tels que Marine DE RIDDER, Laurent TASKIN, Michel AJZEN, Marie ANTOINE, Chloé JACQUEMIN[1], Jacques RANCIERE[2], Olivier GERMAIN,

---

[1] M. DE RIDDER, L. TASKIN, M. AJZEN, M. ANTOINE, Ch. JACQUEMIN, « Le métier de manager en transformation : une démarche prospective », Management & Avenir, vol. 3, n° 109, pp. 37-60, disponible sur https://journals.sms-institute.com/wp-content/uploads/2022/06/5.-La-fonction-ressources-humaines-a-lere-post-COVID-19-VF..pdf (consulté le 14 septembre 2023).

[2] J. RANCIÈRE, S. CORCORAN (traducteur), The Edges of Fiction, op. cit.

Amira LAIFI[1], Mathias BEJEAN[2], Johanna HABIB, Jean-Paul DUMOND[3], Aurélie DUDEZERT[4].

L'auteur du présent ouvrage exprime une critique quant à l'usage du terme *digitalisation*, fréquemment employé dans le marché de *legaltech*, qu'il considère comme peu approprié. Il fait valoir que ce terme, emprunté de manière quelque peu maladroite à la langue anglaise, ne rend pas justice à la richesse de la langue française. Pour garantir une cohérence rédactionnelle optimale dans les textes rédigés en français, il est impératif de privilégier des termes français. Ainsi, le mot adéquat à utiliser dans ce contexte est « numérisation ».

Il est important de noter que ce processus de peut être réalisé sans frais, puisque de nombreux logiciels et plateformes nécessaires sont disponibles gratuitement sur le marché. Cependant, le recours à leurs versions payantes, souvent désignées sous le terme « pro », qui offrent des fonctionnalités plus avancées, pourrait indubitablement simplifier ces tâches et en améliorer l'efficacité. En optant pour ces versions, on pourrait non seulement optimiser le processus, mais également bénéficier d'outils plus sophistiqués qui répondent mieux aux besoins spécifiques des utilisateurs.

Dans les cabinets de taille modeste, où la gestion est plus limitée, les versions gratuites pourraient suffire. En revanche, dans les cabinets de taille moyenne et grande, les

---

[1] O. GERMAIN, A. LAIFI, « Les possibilités de la fiction pour rendre présente l'organisation », op. cit.

[2] M. BEJEAN, « Fiction as an instrument of conceptual exploration », Management, 2022, n° 25, vol. 2, pp. 83-85, disponible sur https://doi.org/10.37725/mgmt.v25.8701 (consulté le 14 septembre 2023).

[3] J. HABIB, M. BEJEAN, J-P. DUMOND, « Appréhender les transformations organisationnelles de la santé numérique à partir des perceptions des acteurs », op. cit., pp. 39-69.

[4] A. DUDEZERT, La Transformation digitale des entreprises, op. cit.

versions payantes seraient probablement plus rentables, car dans ces conditions, un grand nombre de personnes profiterait d'un service acquis grâce à un seul abonnement (lorsque cette possibilité est fournie par les fournisseurs des outils).

Il convient de noter que les frais d'utilisation et d'abonnement de ces outils peuvent varier selon le nombre d'utilisateurs. Ce point doit absolument être pris en compte par les cabinets, non seulement pour élaborer leurs modèles d'affaires de manière plus réaliste, mais aussi pour évaluer la rentabilité d'une éventuelle conception interne de ces outils.

L'intérêt de cette mesure doit être donc évalué en fonction de la taille et des spécialités des cabinets. Par exemple, dans un cabinet de petite taille où les tâches relatives à la gestion ne sont pas assez complexes, le secrétariat juridique peut être entièrement remplacé par un tel réseau algorithmique ou au moins, le temps de ses activités peut être particulièrement réduit.

C'est ainsi que cela un instrument étant au service des avocats leur permettant de réduire les coûts de leurs cabinets. Plus précisément, dans cette hypothèse, le salaire du secrétaire ainsi que les dépenses liées aux matériels qu'il doit utiliser pour la réalisation manuelle de ces tâches seront réduits des coûts généraux du Cabinet.

Le recours à ces systèmes est susceptible de présenter des risques importants liés à la sécurité et à la protection des données puisqu'en les utilisant, les données circulant dans l'écosystème du cabinet seront transmises aux gestionnaires et éventuellement aux concepteurs de ces plateformes et restent stockées dans leurs bases des données.

Dans certains cas de figure, leur suppression peut paraître impossible, notamment si les bases de données dans lesquelles les fournisseurs des outils conservent les données recueillies de leurs clients (les cabinets) se trouvent dans les territoires où le degré de protection des données n'est pas équivalent à celui existant dans les territoires où elles ont été collectées.

Une décision du 10 juillet 2023 de la Commission européenne confirme que les États-Unis assurent un niveau de protection des données personnelles équivalent à celui de l'Union européenne. Par conséquent, nous considérons que pour l'instant, ce risque n'est pas préoccupant concernant le stockage des données collectées en Europe dans des bases de données américaines.

Par cette décision, la Commission reconnaît également d'une manière indirecte, cette équivalence de protection en Suisse et au Royaume-Uni.

Cependant, il convient de noter que cette décision est fragile et pourrait être annulée ou suspendue à tout moment par la Cour de justice de l'Union européenne qui a déjà annulé les deux cadres transatlantiques précédents de protection des données, à savoir *Safe Harbor* (en vigueur entre 1995-2005, confirmé initialement par la décision *Schrems I*) et *Privacy Shield* (en vigueur entre 2016 et 2018, annulée par la décision *Schrems II*).

Le recours à un tel réseau de systèmes algorithmiques impliquant divers acteurs et outils multiplie également le risque de cyberattaques, en considérant que les données recueillies par les cabinets d'avocats relèvent de la catégorie des données sensibles, selon le Règlement général sur la protection des données (RGPD) et le Règlement européen sur l'intelligence artificielle.

Cela peut compromettre la responsabilité des avocats en matière de protection du secret professionnel et entraîner des condamnations devant les instances judiciaires et disciplinaires. Une violation des règles déontologiques peut aussi porter atteinte à la réputation de l'avocat et conduire à une perte de clientèle.

Cela peut également entraîner une perte immédiate des clients, en considérant que conformément aux dispositions de l'article 7 du Décret n°2005-790 du 12 juillet 2005, l'avocat doit refuser d'intervenir dans une affaire « lorsque le secret professionnel risque d'être violé ou lorsque son indépendance risque de ne plus être entière ».

La responsabilité de l'avocat peut également être engagée en raison de la qualité des avis préparés à l'aide des systèmes de l'intelligence artificielle générative.

En général, le recours à ces technologies dans les cabinets d'avocats présente un besoin émergeant et croissant de transformer le système de gestion des cabinets. Ces technologies peuvent elles-mêmes être considérées comme des outils de gestion, créant ainsi un écosystème où les systèmes automatisés sont gérés par d'autres systèmes automatisés.

Leur utilisation présente la possibilité d'une gestion dite liquide ou collective, impliquant tous les composants de la structure. La pertinence de cette solution a été affirmée par Michel STOCK dans un article intitulé « Intelligence artificielle et gestion collective » publié en 2018[1]. Ces recherches démontrent que cette technologie peut à la fois optimiser et faciliter le contrôle de gestion des entreprises.

Cependant, d'autres études, notamment celles menées par Megan BECK, Barry LIBERT, Paul. R. DAUGHERTY, H. James WILSON, Rumman CHOWDHURY montrent que le recours à ces technologies peut également renforcer le

[1] M. STOCK, « Blockchain, intelligence artificielle et gestion collective », RTDCom. Revue trimestrielle de droit commercial et de droit économique, 2018, n° 3, p. 737 disponible sur ⟨halshs-02260366⟩ (consulté le 26 septembre 2023).

respect de « l'égalité »[1] entre les membres d'une entreprise et promouvoir « la diversité »[2] en son sein.

En matière de responsabilité de gestion, cela peut soulever des questions d'adéquation avec les règles juridiques. Dans ce cas, la création d'une charte éthique de leur fonctionnement pourrait constituer une solution pertinente[3].

Le recours aux d'outils algorithmiques d'aide à la décision ne signifie pas l'automatisation complète des services fournis par les avocats, mais il pourrait transformer profondément les formes et les modalités de l'exercice de leur profession. Cette évolution entraîne la disparition de certains métiers tout en créant de nouvelles professions pour les remplacer.

Par exemple, dans un cabinet d'avocats utilisant les systèmes de l'intelligence artificielle, un assistant juridique traditionnel pourrait devenir contrôleur du fonctionnement de ces systèmes, notamment afin d'appliquer et de surveiller la bonne application des mesures du contrôle humain prévues par le Règlement (UE) 2021/0106 du Parlement européen et du Conseil concernant une réglementation harmonisée sur l'intelligence artificielle (*AI Act*).

---

[1] M. BECK, B. LIBERT, « Could AI be the cure for workplace inequality ? » In. Review, Mit Sloan Management, How AI Is Transforming the Organization, MIT Press, 2020, pp. 9-14, disponible sur https://univ-scholarvox-com.ezproxy.u-pec.fr/book/88880018 (consulté le 28 septembre 2023).

[2] P. R. DAUGHERTY, H. J. WILSON, R. CHOWDHURY, « Using Artificial Intelligence to Promote Diversity » In. Review, Mit Sloan Management, How AI Is Transforming the Organization, MIT Press, 2020, pp. 15-22, disponible sur https://univ-scholarvox-com.ezproxy.u-pec.fr/book/88880018 (consulté le 28 septembre 2023).

[3] Cf. A. RAJA, « Pour une éthique de l'intelligence artificielle », Gestion (HEC Montréal), vol. 46, n°2, 2021, pp. 100-104.

Ces exigences visent à assurer la transparence et la traçabilité des systèmes de l'intelligence artificielle, permettant aux utilisateurs et aux autorités de régulation de comprendre et d'évaluer les systèmes en question.

Leur champ d'application est toutefois extrêmement large. Ainsi, l'article 11 de ce Règlement dispose que les fournisseurs de systèmes d'IA doivent garantir que les informations nécessaires pour comprendre, évaluer et surveiller le système d'IA sont disponibles. Cette documentation doit inclure (1) la conception et le fonctionnement du système, (2) les données utilisées pour entraîner le système et (3) les résultats obtenus et les évaluations de performance.

L'article 17 du Règlement impose aux fournisseurs de systèmes d'IA à haut risque (la totalité des systèmes de l'IA utilisés dans les cabinets d'avocats) de mettre en place des processus pour surveiller en permanence les performances du système et les risques associés. Ils doivent également assurer que des mécanismes sont en place pour détecter les anomalies et prendre des mesures correctives en cas de problème.

Son article 28 oblige les utilisateurs de ces systèmes à surveiller et à évaluer les performances des systèmes qu'ils utilisent. Cela inclut la vérification de la conformité continue avec les exigences de sécurité et les mesures correctives en cas de défaillance.

En outre, son article 13 prévoit que les fournisseurs doivent informer les utilisateurs sur le fonctionnement du système d'IA, y compris son but et ses capacités. Cette information est cruciale pour les utilisateurs des systèmes d'IA dans les cabinets d'avocats, afin qu'ils comprennent les limites et les implications des outils qu'ils utilisent.

L'article 29 du Règlement prévoit également que ces exigences soient appliquées tout au long du cycle de vie du produit, y compris la documentation, la surveillance et les mises à jour nécessaires pour maintenir la conformité.

De manière générale, dans un cabinet d'avocats augmenté, il y a une réciprocité du contrôle entre « les systèmes de l'IA » et « les avocats ».

En effet, l'intelligence artificielle contrôle et améliore la qualité des tâches réalisées par les avocats, alors que ces derniers contrôlent la qualité des algorithmes et celle des données qu'ils utilisent.

Ce changement pourrait produire des impacts directs et indirects sur la rémunération des avocats qui adoptent ces technologies, en réduisant certaines dépenses et en générant de nouvelles.

Les impacts indirects se manifestent par une reconfiguration radicale des tâches. Par conséquent, les stratégies actuelles de rémunération des avocats pourraient ne pas être adaptées aux nouvelles tâches transformées par ces technologies.

Professeur DEFFAINS et Maître BALLER soulignent qu'au début de l'essor de la *legaltech*, les avocats étaient parmi les premiers à s'en réjouir[1]. Cependant, cet enthousiasme pourrait rapidement disparaître en raison des nouveaux impacts sur leur rémunération, révélant ainsi la nécessité de créer un « nouveau mécanisme » de valorisation de leurs missions.

La détermination des honoraires des avocats dépend souvent des situations et des particularités concurrentielles, avec certaines limitations imposées par les règles déontologiques et les lois.

---

[1] B. DEFFAINS, S. BALLER, « Intelligence artificielle et devenir de la profession d'avocat : l'avenir est présent ! », cité dans A.A. HYDE, Avocat et intelligence artificielle : quelles obligations, quelles responsabilités?, Dalloz, Recueil Dalloz, 7 novembre 2019, n°38, P. 2107.

Par exemple, en France, en respect du principe de la liberté d'entreprise et celui de la liberté contractuelle, « les honoraires de l'avocat ne sont pas réglementés. L'avocat fixe lui-même le coût des prestations qu'il facture à son client »[1]. C'est notamment l'article 10 de la Loi n° 71-1130 du 31 décembre 1971 qui dispose que « les honoraires de consultation, d'assistance, de conseil, de rédaction d'actes juridiques sous seing privé et de plaidoirie sont fixés en accord avec le client [...] »[2].

Cet accord se matérialise obligatoirement par une convention signée entre l'avocat et le client. Dans ce processus, la délicatesse se réside dans la détermination des honoraires complémentaires.

Pour mieux comprendre les impacts de l'automatisation partielle des fonctions des avocats sur leur rémunération, il est essentiel de s'interroger, d'abord, sur le modèle traditionnel de facturation appliqué dans les cabinets.

Dans ce système, le montant exact des honoraires est fixé en considérant le temps investi par l'avocat et son profil professionnel. Nous pouvons donc conclure que ce modèle d'affaire repose sur la vente de leur « temps », leurs « compétences » et leurs « connaissances ».

Dans certains cabinets, les services associés à l'exercice de la profession (tels que la manière de recevoir les clients, l'invitation aux soirées festives etc.) pourraient être également déterminants, de manières directes ou indirectes, pour déterminer le montant des honoraires.

Dans ce modèle, sur le plan formel, l'avocat doit préciser son taux horaire et celui de ses collaborateurs. En France,

---

[1] Service-public.fr, Comment sont fixés les honoraires d'un avocat ?, disponible sur https://www.service-public.fr/particuliers/vosdroits/F15018 (consulté le 4 septembre 2022).

[2] L'art. 10 de la loi n° 71-1130 du 31 décembre 1971 portant réforme de certaines professions judiciaires et juridiques.

pour les procédures standards, un montant forfaitaire peut être déterminé pour chaque service juridique.

Dans certains pays, la situation financière des clients peut également être prise en compte pour déterminer ces honoraires. En France, par exemple, l'article 10 de la Loi du 31 décembre 1971 considère la « situation de fortune du client » comme un facteur d'évaluation des honoraires. Actuellement, ce facteur n'est pas nécessairement pris en compte par les entreprises de la *legaltech* pour déterminer le coût de leurs services. Cet article permet à l'avocat de disposer d'une grande liberté pour déterminer, avec chaque client, le montant de ses honoraires.

Cette détermination se fait en fonction des particularités de chaque dossier, du degré de la difficulté de l'affaire, des frais accessoires engagés par l'avocat, ainsi que de son expérience dans la matière concernée et de sa notoriété.

L'importance des avantages obtenus et le résultat final peuvent également constituer des principaux éléments dans la détermination de ce montant. Dans le monde de droit, cette forme de « pacte » des honoraires est connue sous l'expression *pacte de quota litis*.

D'un point de vue réglementaire, si ces entreprises commerciales fournissent des services similaires à ceux des avocats (comme une consultation juridique auto-générée par l'intelligence artificielle), il serait probablement logique de prévoir des exigences similaires applicables sur ces derniers.

Si le marché de la *legaltech* poursuit ses avancées vers une direction émergeant un tel rapprochement, la création d'un cadre « spécifique » encadrant leurs activités pourrait être une solution opportune.

Ces activités méritent d'être notamment encadrés sous l'angle du droit de la concurrence. Un tel mécanisme peut présenter un intérêt public puisqu'il facilite et démocratise l'accès aux services associés à la justice. Il sera également possible de prévoir la possibilité d'attribuer une sorte de l'aide juridictionnelle aux justiciables ayant fait recours à ces services dans le cadre des procédures judiciaires.

L'automatisation partielle ou totale des fonctions des cabinets d'avocats modifie la valeur de l'ensemble des trois facteurs considérés dans les modèles d'affaires traditionnels.

Plus précisément, dans les cabinets d'avocats augmentés, « la connaissance et la compétence » perdent leur importance puisque la recherche et l'analyse juridique sont désormais réalisées automatiquement par les outils algorithmiques.

L'importance du « temps » est également diminuée puisqu'un nombre important de tâches se réalise « immédiatement ». Cela leur permet de se consacrer à de nouvelles responsabilités, telles que le contrôle de la conformité des outils et la structuration des données.

Ce nouveau système réduit certaines dépenses des cabinets (comme les frais de documentation, l'acquisition des ouvrages, l'entretien des locaux etc.) et en introduit de nouvelles, nécessitant un nouveau modèle économique pour déterminer les honoraires des avocats.

Il est important de noter que les modèles économiques pour les entreprises de la *legaltech* et les cabinets d'avocats augmentés ne peuvent pas être identiques, puisque la nature et la forme de leurs services diffèrent.

En raison de la prévisibilité des dépenses imposées par le recours aux outils de l'intelligence artificielle, le système de rémunération forfaitaire, courant dans ces milieux, pourrait présenter une dynamique importante.

La question de la pertinence des méthodes traditionnelles de détermination des honoraires des avocats, en présence des caractéristiques émergeants de la profession de « l'avocat augmenté », a été abordée pour la première fois au Canada en 2018 par la Cour supérieure de l'Ontario.

Les deux arrêts de la Cour supérieure de la province de l'Ontario (au Canada), rendus respectivement le 13 septembre[1] et le 22 novembre 2018[2], ont introduit une révolution silencieuse en ordonnant une réduction des honoraires des avocats utilisant des outils du numérique et de l'intelligence artificielle. Ainsi, la justice reconnaissait l'impact des technologies modernes sur la profession, ouvrant la voie à une nouvelle ère où tradition et innovation se rencontrent.

Le paragraphe 8 de la première décision précise toutefois qu'une telle réduction ne peut être appliquée de façon systématique et générale. Elle doit être donc justifiée par la présence d'une réduction manifeste de la charge de travail de l'avocat concerné ou celle des dépenses des engagées par ce dernier.

Par exemple, en ce qui concerne ce cas spécifique, cette juridiction a calculé le taux de réduction en fonction du pourcentage des heures réduites en raison d'utilisation des systèmes de l'intelligence artificielle.

Les juges suprêmes ont fait valoir que désormais, grâce aux logiciels de documentation juridique, les avocats investissent moins du temps et de l'énergie qu'avant dans la recherche juridique et la préparation des dossiers.

Le paragraphe 34 de la décision du 11 novembre 2018 de la Cour (Cass v. 1410088 Ontario Inc.) a limité le champ d'application de cette décision aux cas dans où le recours à l'intelligence artificielle par les avocats est approuvé. Malgré cette réduction du montant des honoraires, cette

---

[1] Drummond c. The Cadillac Fairview Corp. Ltd., 2018 ONSC 5350 (CanLII), disponible sur http://canlii.ca/t/hv321 (consulté le 31 janvier 2021).

[2] Cass c. 1410088 Ontario Inc., 2018 ONSC 6959 (CanLII), disponible sur http://canlii.ca/t/hw728 (consulté le 31 janvier 2020).

juridiction encourage l'ensemble des avocats à recourir aux logiciels dotés de cette technologie[1].

Il convient de considérer que ce raisonnement ne se limite pas uniquement aux avocats et aux autres professionnels libéraux.

À l'avenir, les magistrats eux-mêmes, ainsi que d'autres professionnels du droit utilisant ces technologies, pourraient également voir leur rémunération réduite sur la même logique. De même, les professionnels d'autres domaines pourraient devenir les futures cibles de ces mesures.

Ces décisions ont été rendues avant l'avènement des systèmes d'intelligence artificielle générative, désormais largement utilisés dans les environnements juridiques et judiciaires. Au Canada, les honoraires des avocats utilisant ces outils doivent désormais être réduits, nécessitant une réévaluation de leurs modèles d'affaires.

En effet, les logiciels et les plateformes employés à la date de ces décisions se limitaient principalement à des outils de recherche et de documentation, lesquels étaient des formes relativement peu avancées de systèmes algorithmiques.

Dans ces circonstances, il est indispensable de revoir les modèles d'affaires en tenant compte de la baisse des dépenses, mais aussi de l'émergence de nouvelles dépenses inhérentes à ce contexte.

Ces dépenses incluent non seulement les frais d'abonnement et d'utilisation des logiciels, mais également d'autres coûts tels que ceux de l'électricité, de la modernisation des équipements (accessoires aux systèmes de l'IA), ainsi que les dépenses engagées pour assurer la sécurité et la robustesse de ces systèmes, y compris le recrutement d'experts et l'utilisation de logiciels spécialisés relativement coûteux.

---

[1] Drummond c. The Cadillac Fairview Corp. Ltd., op. cit.

Cette précaution revêt une importance particulière dans ce secteur d'activité où une grande partie des données sont sensibles (dans le sens du RGPD). Il faut également considérer les frais liés au stockage des données, garantissant ainsi leur intégrité et leur confidentialité.

À la suite de l'entrée en vigueur du Règlement européen sur l'intelligence artificielle, les utilisateurs de ces systèmes seront soumis à des obligations considérables de documentation et d'expertise auprès des autorités compétentes.

Les frais à engager dans ce cadre pourraient être particulièrement élevés. Le cadre institutionnel d'application de ce Règlement n'étant pas encore défini, il est actuellement impossible d'évaluer leur montant.

Le non-respect de ces obligations, qui sont techniquement très complexes à mettre en œuvre, peut entraîner des condamnations et des amendes significatives. Compte tenu du caractère extrêmement rigoureux des mesures envisagées par ce règlement, ce risque est non seulement présent, mais aussi assez élevé. Par conséquent, le paiement éventuel d'amendes dans ce contexte doit être pris en compte comme des dépenses potentielles et probables associées à l'utilisation de ces systèmes.

La détermination des nouveaux modèles d'affaires peut varier en fonction de la taille des cabinets d'avocats. Par exemple, l'adoption des systèmes d'intelligence artificielle semble être plus avantageuse et rentable pour les grands cabinets, où un grand nombre de personnes peut utiliser un logiciel acquis une seule fois par le cabinet. Il s'agit ainsi d'une dépense unique, générant de multiples bénéfices.

Dans ces cabinets ayant un large volume de clients, le gain de temps pour chaque avocat peut permettre de traiter un plus grand nombre de dossiers confiés par d'autres clients, optimisant ainsi l'efficacité et la rentabilité du cabinet.

En revanche, dans les cabinets ayant un nombre limité de dossiers, la libération de temps pour les avocats ne se traduit pas nécessairement par un accroissement des bénéfices. Cela pourrait simplement conduire à une réduction des honoraires.

Particulièrement, dans les grands cabinets, l'implémentation de ce système pourrait engendrer une augmentation de l'intérêt global, justifiée non seulement par une accélération de l'exécution des tâches, mais aussi par une augmentation du nombre de clients, grâce à la diminution des honoraires.

En vertu du principe de liberté contractuelle, connu en Europe sous le nom de « liberté d'entreprise » (reconnu comme une liberté fondamentale par l'article 16 de la Charte des droits fondamentaux de l'Union européenne) [1], il n'existe aucune harmonisation relative aux limites applicables aux honoraires des avocats dans l'Union européenne.

Cependant, certaines restrictions peuvent être imposées par les règles de déontologie nationales des avocats, dont la violation peut entraîner des sanctions disciplinaires.

Par exemple, en France les règles relatives à la déontologie de la profession d'avocat sont principalement définies par le Règlement intérieur national de la profession d'avocat (RIN) ainsi que la Loi n° 71-1130 du 31 décembre 1971 et le Décret n°2005-790 du 12 juillet 2005 (modifié par la décision à caractère normatif du CNB, n° 2007-001 du 27 et du 28 avril 2007). De plus, d'autres limites peuvent être établies par les juridictions et le Conseil de l'Ordre.

En France, malgré une liberté conventionnelle assez importante pour déterminer le montant de leurs honoraires, il y a une seule exigence qui pourrait justifier sa diminution forcée.

---

[1] Cf. les articles 26, 49 à 55 et 56 à 62 du Traité sur le fonctionnement de l'Union européenne.

En se référant à l'article 1134 du Code civil et l'article 10 de la Loi n° 71-1130 du 31 décembre 1971, la première chambre civile de la Cour de cassation a confirmé, dans son arrêt emblématique *Crédino*, que « le second de ces textes ne saurait faire obstacle au pouvoir des tribunaux de réduire les honoraires convenus initialement entre l'avocat et son client lorsque ceux-ci apparaissent exagérés au regard du service rendu » (Cass. civ. I., 3 mars 1998, 95-15.799).

Cet arrêt souligne une importante précision jurisprudentielle : malgré la formalisation des honoraires préalablement acceptés, les tribunaux conservent la faculté de les ajuster si leur montant est jugé disproportionné par rapport à la prestation effectivement fournie. Cette décision met en lumière le principe fondamental de justice et d'équité dans les relations contractuelles entre les avocats et leurs clients.

Dans ce contexte, il est essentiel de noter que l'adoption des nouvelles technologies par les avocats ne constitue pas, en soi, un motif justifiant une diminution automatique de leur charge de travail ou de leurs honoraires. En effet, bien que ces technologies puissent optimiser et transformer les pratiques professionnelles, elles ne modifient pas nécessairement le fondement des honoraires convenus ni n'altèrent les principes de rémunération proportionnelle au service rendu. Par conséquent, la modernisation des outils et des méthodes de travail, tout en apportant des améliorations substantielles à l'efficacité et à la qualité des services juridiques, n'affecte pas directement les critères juridiques qui régissent la révision des honoraires dans le cadre de la jurisprudence française.

Néanmoins, une telle réduction pourrait être envisagée si cette utilisation entraîne une « exagération des honoraires », même lorsqu'elle est conventionnellement déterminée par l'avocat et le client. Cela souligne l'importance de reconfigurer le modèle d'affaires traditionnel des avocats afin d'éviter des réclamations ultérieures de clients.

Au niveau européen, certaines règles générales, applicables en matière de rémunération des avocats des États membres de l'Union européenne, sont définies par trois textes législatifs suivants : les directives n° 77-249/CEE du Conseil du 22 mars 1977[1] et n° 98/5/CE du 16 février 1998[2] ainsi que la charte des principes essentiels de l'avocat européen (ce texte a été adopté le 25 novembre 2006 par le Conseil des barreaux européens).

Ces textes fixent un cadre général et dynamique d'exercice de cette profession, conférant ainsi une grande liberté aux législations nationales et aux barreaux nationaux pour fixer les dispositions relatives à l'exercice de la profession d'avocat.

L'article 6 de la Directive n° 98/5/CE étend cette liberté aux activités salariales des avocats de l'Union européenne. Par conséquent, Il serait techniquement possible d'envisager la mise en place d'un nouveau modèle de rémunération des avocats dans l'ensemble des États membres de l'Union européenne.

Ces règles pourraient être définies en coopération avec les barreaux nationaux des États membres de l'Union européenne, sous la coordination du conseil des barreaux européens. Une telle stratégie vise à éliminer et même prévenir l'émergence de situations trop favorables ou trop défavorables pour les avocats exerçant dans un ou plusieurs pays européens.

---

[1] La directive 77/249/CEE du Conseil, du 22 mars 1977, tendant à faciliter l'exercice effectif de la libre prestation de services par les avocats.

[2] La directive 98/5/CE du Parlement européen et du Conseil du 16 février 1998 visant à faciliter l'exercice permanent de la profession d'avocat dans un État membre autre que celui où la qualification a été acquise.

Dans le contexte du numérique, dépassant, par sa nature, les frontières géographiques et matérielles, la participation de l'ensemble des barreaux nationaux serait indispensable, notamment pour garantir le respect des droits associés au principe de libre circulation des services.

Dans l'hypothèse d'une reconfiguration harmonisée du modèle d'affaires de la profession d'avocat en Europe, cette coopération serait indispensable et inévitable. Ainsi, la coopération insuffisante d'un barreau pourrait paralyser l'exercice de cette profession dans les autres pays européens.

La modification du modèle d'affaires des cabinets d'avocats ne pourrait être imposée, car cela pourrait être perçu comme une atteinte à leur « liberté d'entreprendre ». Néanmoins, ce modèle harmonisé pourrait être recommandé par les autorités nationales et européennes pour garantir le respect de l'article 3.4.1 du Code de déontologie des avocats européens (initialement adopté par le Conseil des barreaux européens le 28 octobre 1988, il a été modifié trois fois en 1998, en 2002 et en 2006), disposant que les honoraires doivent être « équitables et justifiés ».

Aux États-Unis, en l'absence de réglementation spécifique relative à la rémunération des avocats, les tribunaux américains pourraient s'inspirer des décisions de la Cour supérieure de l'Ontario pour ordonner, dans des cas spécifiques, la réduction des honoraires des avocats américains. Cette approche serait en ligne avec le « principe de l'équité » (en anglais : *Fairness*), constituant une des pierres angulaires du systèmes de *Common Law*.

Cette hypothèse est plus particulièrement envisageable puisque la tradition judiciaire américaine permet aux juridictions des États-Unis de faire référence à tout moment aux deux décisions susmentionnées de la Cour supérieure de l'Ontario en les considérant comme une règle de *precedent*[1] dans l'ordre juridique et judiciaire canadien et aussi imposer son influence aux à ceux d'autres pays.

Aux Etats-Unis, les règles applicables en cette matière semblent être relativement plus dynamiques. Le tribunal de district des États-Unis pour le district oriental de l'Oklahoma ainsi que les Cours suprêmes des États d'Ohio et du Vermont, d'Indiana et d'Illinois ont respectivement affirmé dans les décisions *Heavener c. Meyers*, 158 F. Supp. 2d 1278 (2001), *Cincinnati Bar Association c. Alsfelder*, 816 N.E.2d 218 (2004), *In re Sinnott*, 845 A.2d 373 (2004), *Re Comstock*, 664 N.E.2d 1165 (1996) et *Lustig c. Horn*, 732 N.E.2d 613 (2000) que le montant des honoraires des avocats doit être « raisonnable ». Ce caractère s'évolue donc au cours du temps par les interprétations jurisprudentielles.

Ces références jurisprudentielles peuvent effectivement servir à soutenir une demande de réduction des honoraires de la part des clients. Toutefois, il convient de souligner que l'utilisation d'outils d'aide à la décision n'entraîne jamais une réduction « automatique » des honoraires des avocats.

Ce raisonnement peut être ainsi soutenu en évoquant plusieurs décisions jurisprudentielles, telles que l'affaire *Heavener v. Meyers*, 158 F. Supp. 2d 1278 (2001), ainsi que *Cincinnati Bar Association v. Alsfelder*, 816 N.E.2d 218 (2004). Ces affaires illustrent que la révision des honoraires reste soumise à une évaluation contextuelle et ne peut être imposée de manière systématique sans une analyse approfondie des circonstances spécifiques entourant la prestation juridique fournie. Ainsi, bien que la technologie puisse optimiser les processus, elle ne modifie pas les

---

[1] Cf. C.L. OSTBERG, M.E. WETSTEIN, C.R. DUCAT, « Attitudes, Precedents and Cultural Change: Explaining the Citation of Foreign Precedents by the Supreme Court of Canada », Revue Canadienne de science politique, vol. 34, n° 2, 2001, pp. 377-399.

critères fondamentaux selon lesquels les honoraires sont ajustés.

Ce motif pourrait être cependant toujours invoqué devant les juridictions pour prétendre, dans des cas spécifiques, à une réduction « personnalisée » lorsque la demande est raisonnée.

L'application générale d'une telle réduction n'est pas possible, puisque le taux de réduction des heures de travail des avocats, dû à l'utilisation de ces outils, doit être évalué au cas par cas. En effet, ce taux peut varier même dans le traitement de deux affaires totalement semblables par deux avocats différents.

En outre, les avocats peuvent également réclamer la prise en charge, par leurs clients, des nouvelles dépenses imposées par l'usage de ces logiciels.

L'articulation de ces deux types de prétention engendre la nécessité de la création et la reconnaissance du « principe de la rationalité d'évaluation des honoraires des avocats ». Ce principe pourrait être applicable pour l'ensemble des professionnels libéraux du droit utilisant ces outils.

Il peut être défini comme un principe éthique garantissant un équilibre stable entre le taux de la réduction (ou l'accélération du rythme) des travaux des avocats, et le montant des dépenses liées à l'utilisation de ces technologies.

Ces considérations nous permettent de conclure que, contrairement aux environnements traditionnels où le montant des honoraires est plutôt justifié par « les moyens d'exercice » (principalement l'énergie ou le temps) de la profession, dans les cabinets augmentés, « la finalité » ou « le type de service » détermineraient la valeur des tâches que les avocats réalisent.

Ce nouveau modèle d'affaires permettrait d'établir plus facilement un montant forfaitaire prévisionnel et stable pour le traitement de chaque type spécifique de prestation, en comparant leurs caractéristiques avec les services similaires rendus, dans le passé, par les autres avocats.

Une difficulté réside dans la facturation des services juridiques rendus à l'aide des outils d'intelligence artificielle avec les méthodes traditionnelles de détermination des honoraires, ce qui serait une tâche extrêmement prenante et complexe.

Nous avons expliqué que, pour obtenir un montant juste, plusieurs facteurs doivent être pris en compte[1], tels que la diminution des heures de travail de l'avocat et les frais exacts d'usage des logiciels. Cette tâche pourrait être réalisée automatiquement grâce aux techniques d'apprentissage automatique.

Un tel système est susceptible d'être de plus en plus efficace. En effet, selon une étude réalisée en 2014 par l'Université de Georgetown, le système actuel de facturation manuelle entraîne une perte d'environ 16% du chiffre d'affaires des cabinets d'avocats. Cette étude montre que le montant d'honoraires payés par les clients ne couvre qu'entre 85.32% et 83.49% de valeur réelle des services juridiques rendus par les avocats[2].

Par ailleurs, selon une autre étude réalisée par la Société Capgemini, un traitement automatisé par un système de l'intelligence artificielle permet aux entreprises d'économiser 60% du temps de réalisation de devis[3].

---

[1] Cf. N. RAI, « Why ethical audit matters in artificial intelligence ? », AI Ethics, 2021, disponible sur https://doi.org/10.1007/s43681-021-00100-0 (consulté le 6 octobre 2022).

[2] École de droit de l'Université de Georgetown, « 2014, Report on the State of the Legal Market », rapport du centre d'études sur les professions juridiques et Thomson Reuters Peer Monitor, p.5, disponible sur https://peermonitor.thomsonreuters.com/wp-content/uploads/2014/01/2014_PM_GT_Report5.pdf (consulté le 12 juillet 2023).

[3] L'intervention de Monsieur Fabrice PERRIER lors du Colloque Le rôle de l'IA dans la révolution des processus documentaires / OCR Machine

Ce constat semble également valable dans le cas des cabinets d'avocats augmentés. Cela pourrait se concrétiser par l'évaluation et la détermination automatisées d'un taux indicatif de réduction des heures de travail ainsi que d'un montant indicatif des frais d'usage de chaque type ou catégorie d'outils algorithmiques ou numériques.

Ce taux pourrait être évalué en fonction des expériences passées des avocats dans des cas similaires. Par exemple, si dans la majorité des cas, les moteurs de recherche juridique réduisent de 20 % le temps global de travail d'un avocat et nécessitent un paiement de 50 euros pour bénéficier des services des plateformes et des logiciels de *legaltech*, ce taux et ce montant pourraient être automatiquement appliqués à l'utilisation de logiciels similaires.

L'avantage de recourir à ces outils réside dans leur capacité à évaluer en temps réel le montant des dépenses concernées. Par conséquent, les algorithmes peuvent évaluer et ajuster ces montants de manière plus précise.

À ce sujet, un sondage réalisé en 2016 par la Société *OpinionWay*, à la demande de la startup *Legalstart.fr*, montre que 85 % des Français et 59 % des entrepreneurs (en France) estiment que le coût d'intervention des professionnels libéraux du droit est trop élevé[1].

Le recours aux outils algorithmiques pour la détermination des honoraires permet donc à ces derniers de mieux justifier la pertinence du montant de leurs tarifs.

Learning, RPA, 3 juin 2021, organisé par AI for Finance, disponible sur https://aiforfinance.startupinside.com/session/4618c958-76c3-eb11-94b3-000d3a219024 (consulté le 3 juin 2023).

[1] S. TANTIN, « Faut-il adhérer aux legaltech pour développer sa stratégie digitale ? », La lettre des juristes d'affaires, disponible sur https://www.lja.fr/fiches-pratiques/gestion-et-organisation/ntic/faut-il-adherer-aux-legaltech-525474.php (consulté le 25 octobre 2021). ; A. VAN DEN BRANDEN, « La robotisation de la justice » In. H. JACQUEMIN, A. DE STREEL, L'intelligence artificielle et le droit, op. cit., pp. 259-318.

En catégorisant les différentes tâches par leur « nature » et leurs « frais de traitement », cette méthode pourrait aboutir à une standardisation du système de facturation des services juridiques. Cela renforcerait sa capacité d'être modélisé rationnellement et mathématiquement.

Au début des années 1990, aux États-Unis, cette idée a mené l'Association des juristes d'entreprises (en anglais : *Association of Corporate Counsel*) et l'Association des barreaux américains (en anglais, *American Bar Association* - ABA) à lancer le projet du « système de gestion uniforme basé sur les tâches » (en anglais : *Uniform Task-Based Management System*).

Par conséquent, nous considérons que l'intelligence artificielle permettrait les barreaux et aux associations des juristes d'entreprises de mettre en place un système de gestion uniforme capable de réaliser une évaluation automatisée et perpétuelle en temps réel.

Cela représenterait un pas vers l'harmonisation et la centralisation du système d'évaluation des honoraires des professionnels libéraux du droit, leurs permettant ainsi d'évaluer progressivement la rationalité les méthodes existantes de rémunération et même de codifier les indicateurs et les facteurs qui les déterminent.

Cependant, dans l'état actuel des choses, une évolution automatisée du montant des honoraires des avocats ne pourrait être imposée à ces professionnels et à leurs clients sans une ordonnance judiciaire ou l'adoption d'un règlement contraignant.

Troisième partie

La création de départements de R&D au sein des cabinets d'avocats

Dans le doux murmure des mots de Rudyard KIPLING, il y a une vérité précieuse que l'on ne saurait ignorer : « Aucun prix n'est trop élevé à payer pour le privilège de se posséder soi-même »[1].

Cette déclaration résonne comme un écho délicat, une ode à la liberté intérieure qui transcende les contingences matérielles. Se posséder soi-même, c'est offrir à son âme un trésor inestimable, une richesse qui, malgré son coût, éclaire nos jours de la lumière d'une souveraineté retrouvée. C'est dans cet espace sacré que l'on trouve la véritable grandeur, celle qui se construit par la maîtrise de soi et la reconnaissance de sa propre valeur.

Dans ce contexte dynamique et complexe où la logique économique traditionnelle des cabinets d'avocats est en pleine transformation, la solution la plus pertinente pour évaluer, de manière réaliste, les coûts et les avantages du recours aux outils algorithmiques et numériques consiste à réaliser des bilans périodiques et précis des besoins spécifiques de chaque avocat (ou cabinet) et à établir une liste des outils utilisables, en fonction de leurs exigences et de leur maturité technologique.

La comparaison de l'ensemble de ces études pourrait permettre de définir une stratégie réaliste pour l'implémentation rationnelle de ces outils dans les cabinets,

---

[1] Rudolph KIPLING (dans une interview avec Arthur GORDON), « Interview with an Immortal », Reader's Digest, 1935.

tout en créant un modèle d'affaires adapté visant à réduire les dépenses et à augmenter les bénéfices.

À long terme, rappelons-nous que les résultats de ces études, étant purement indicatifs, ne peuvent être totalement fiables. En effet, les besoins des avocats évoluent constamment, tout comme les outils algorithmiques et numériques. Par conséquent, ces études doivent être réévaluées régulièrement, en un cycle perpétuel. Cette démarche engendre une incertitude générale quant à l'intérêt budgétaire véritable de l'automatisation partielle des cabinets d'avocats.

L'internalisation de la conception des logiciels au sein des cabinets d'avocats et la gestion de l'utilisation des logiciels existants peut permettre une meilleure identification des besoins des avocats et une meilleure évaluation de la cohérence entre ces besoins et les outils utilisés pour y répondre.

La création d'un département spécialisé dans l'innovation technologique, notamment en recherche et développement (R&D) dans les cabinets d'avocats, peut garantir une excellente réalisation de ces tâches.

Au sein des structures plus petites, une personne peut être désignée pour superviser la création, l'utilisation de ces outils, ainsi que pour définir la stratégie d'automatisation du cabinet.

Le degré attendu et souhaité d'automatisation doit être déterminé non seulement en fonction de la maturité technologique du cabinet et de ses membres, ainsi que leurs attentes et désirs mais également en fonction d'une estimation d'appréciation de leurs clients finaux qui doit être réalisée périodiquement.

Afin de renforcer la confiance entre avocats et leurs clients, ces derniers peuvent être interrogés au préalable sur le niveau souhaité d'automatisation du traitement de leurs dossiers.

Ces interrogations doivent être réalisées pour que les clients soient informés et conscients des avantages et des risques associés à chaque degré et à chaque type d'automatisation.

Au-delà de la réduction des dépenses matérielles et immatérielles, la création de ces départements peut garantir l'indépendance des cabinets vis-à-vis des acteurs externes et constituer une stratégie pour conquérir le marché des outils de *legaltech.* Cela leur permettra également de fournir des conseils aux autres avocats souhaitant mettre en œuvre des mécanismes similaires au sein de leurs propres systèmes.

Chapitre 1
Le fondement juridique et réglementaire du lancement de départements de R&D au sein des cabinets d'avocats

Il est nécessaire de considérer que l'internalisation de la conception des outils au sein des structures professionnelles régies par des règlementations spécifiques, telles que celles des médecins, des avocats, des experts-comptables et des commissaires de justice, peut présenter des défis singuliers.

En matière de gestion de cabinet, certaines mesures applicables dans les structures commerciales conventionnelles peuvent se révéler inadaptées et inapplicables aux professions réglementées, en raison des exigences spécifiques imposées par les règlements et des règles éthiques propres à ces métiers.

Ces exigences particulières ne se limitent pas à la profession d'avocat. Ainsi, les autres lecteurs du présent ouvrage exerçant d'autres professions réglementées peuvent également bénéficier des conseils présentés pour intégrer des départements de R&D dans leurs structures, en fonction des spécificités de chaque domaine.

Par exemple, selon les observations de l'auteur au cours de l'exercice de ses propres activités professionnelles, de manière générale, en matière de gestion des risques, les employés (et les membres de leur famille proche) des grands cabinets d'audit sont interdits de détenir des actions dans les entreprises auditées par leurs entreprises.

Pour certaines, cette interdiction ne se limite pas aux personnes impliquées dans les audits, mais s'étend à tous les membres de toutes les branches du groupe, y compris ceux qui exercent les activités juridiques et même les avocats.

La prise en compte de cette considération est délicate, puisque ces cabinets doivent surveiller en permanence les activités de leurs clients, notamment en ce qui concerne les opérations de fusions et acquisitions.

Ce sujet est encore plus sensible dans le domaine d'audit comptable et financier et également d'avocature. En respect des dispositions de l'article 7 du Décret n° 2005-790 du 12 juill. 2005 et des règles établies par un arrêt du 14 mars 2000 de la chambre civile de la Cour de Cassation (Civ. 1 re, 14 mars 2000, n o 97-15.636), dans ces structures, si les actions d'une entreprise de *legaltech* fournissant des services ou des produits au cabinet sont acquises par l'un des clients du cabinet ou si elle engage une collaboration partageant des intérêts directs avec ce client, le cabinet devra cesser d'utiliser ces outils.

Il sera alors nécessaire de transférer les tâches réalisées par ces outils vers une autre plateforme numérique ou un autre système d'intelligence artificielle offrant des services similaires.

Dans ce cas, il est envisageable que les nouveaux fournisseurs proposent des conditions moins favorables ou des frais d'usage plus élevés. Il est également possible que ces systèmes ne soient pas fonctionnels en raison d'un manque de robustesse technique. Dans un scénario plus pessimiste et plus radical, il se pourrait que ces outils soient irremplaçables.

Dans chacun de ces cas, le cabinet pourrait subir des préjudices significatifs, tels qu'un éventuel blocage des processus habituels de traitement des dossiers, un ralentissement du rythme de l'avancement des projets et la nécessité de recourir au traitement manuel des dossiers.

Ces perturbations pourraient avoir un impact significatif sur son chiffre d'affaires. Par ailleurs, la question de la sécurité des données confidentielles transmises via ces systèmes à d'autres acteurs ayant potentiellement accès aux bases de données utilisées par les fournisseurs d'outils de *legaltech* deviendrait également un enjeu crucial.

L'ensemble de ces considérations nous amène à conclure qu'une internalisation de la conception des logiciels est plus opportune dans ces professions, comparativement aux professions libérales moins contraintes par des règles spécifiques.

En conclusion, la création et la commercialisation des outils de *legaltech* par les entreprises privées suivent les régimes commerciaux et légaux traditionnels. Cependant, les cabinets d'avocats, soumis à des normes et des règles sectorielles et déontologiques strictes, ne peuvent pas procéder de la même manière.

Depuis longtemps, les avocats étaient interdits de mener des activités commerciales parallèles. Toutefois, la Loi n° 2015-990 du 6 août 2015 (Loi Macron) a introduit le principe de « pluralité d'activités », permettant pour la première fois aux avocats de mener des activités commerciales « accessoires » en parallèle de leur activité principale[1], à condition qu'elles soient compatibles avec la nature et les valeurs essentielles de leur profession.

Le Règlement Intérieur National de la profession d'avocat (le RIN) fixe un certain nombre de conditions formelles de la création (art. 15.4.3 nouveau du RIN) et de la fermeture (art. 15.4.4 nouveau du RIN) de ces activités, ainsi que de la réalisation de missions particulières (art. 15.4.5 du RIN). Bien que ces exigences formelles soient en place, elles ne constituent pas des obstacles majeurs.

---

[1] Le Conseil national des barreaux, « Publication au JO de la décision à caractère normatif 'Pluralité d'exercice' », 31 août 2020, disponible sur https://www.cnb.avocat.fr/fr/actualites/publication-au-jo-de-la-decision-caractere-normatif-pluralite-dexercice (consulté le 26 janvier 2023). ; Loi n° 2015-990 du 6 août 2015 pour la croissance, l'activité et l'égalité des chances économiques, disponible sur https://www.legifrance.gouv.fr/loda/id/JORFTEXT000030978561 (consulté le 26 janvier 2023).

Ces dispositions permettent à la fois « l'internalisation » des activités de recherche et développement (R&D) dans les cabinets et « l'externalisation » de leur utilisation ainsi que la commercialisation de leurs productions futures, telles que les outils de *legaltech*, sur le marché.

Chapitre 2
Les premières tentatives de l'internalisation de conception des outils de legaltech

La prise de conscience de l'importance intellectuelle et matérielle de la conception « interne » des outils algorithmiques et du numérique par les cabinets d'avocats s'est accentuée à la fin de l'année 2022, lorsque deux cabinets d'avocats renommés ont alors annoncé le lancement de leurs initiatives pour collaborer avec des ingénieurs afin de participer à la conception d'un système de l'IA générative.

La branche londonienne du Cabinet *Allen & Overy* (désormais *A&O Shearman*) a notamment participé à la conception d'un système de l'IA, en tant que premier partenaire de la Société qui a conçu la plateforme *Harvey*, destinée aux avocats. Il convient de noter que celle-ci a été techniquement développée par les acteurs externes qui ne sont liés à ce Cabinet que par la voie contractuelle.

La plateforme *Harvey* a été fondée par Gabriel PEREYRA et Winston WEINBERG. Avant le lancement de ce projet, le premier a été engagé au sein de la Société *DeepMind*, une entreprise pionnière dans le domaine de l'intelligence artificielle, où il a acquis une expertise précieuse dans le développement d'algorithmes d'IA avancés. Le second a été avocat au sein du célèbre cabinet *O'Melveny & Myers* LLP.

L'objectif principal derrière la création d'*Harvey* était de permettre aux professionnels du droit de se concentrer sur des tâches à plus forte valeur ajoutée en déléguant les tâches répétitives et analytiques à l'intelligence artificielle.

Ce système est capable d'analyser et de reproduire des textes juridiques, et de sélectionner les informations les plus pertinentes pour l'élaboration de consultations[1].

La plateforme *Harvey* utilise des technologies telles que le traitement du langage naturel (NLP) et l'apprentissage automatique (en anglais : *machine learning*) pour analyser des documents juridiques, formuler des suggestions et fournir des analyses précises. Cette approche a permis de réduire considérablement le temps passé sur certaines tâches juridiques, tout en augmentant la précision.

En 2024, les créateurs de cette plateforme ont levé 100 millions de dollars, grâce à un investissement de *GV*, le fonds de capital-risque de la Société *Google*. Avec cette nouvelle levée de fonds, *Harvey* a accumulé un total de 206 millions de dollars, portant ainsi sa valorisation à 1,5 milliard de dollars. Parmi les investisseurs figurent également d'autres géants de ce secteur comme *Kleiner Perkins*, *Sequoia*, et *SV Angel*[2].

Cette plateforme a été notamment développée grâce à un financement de la Société *OpenAI*. C'est ainsi que *Harvey* est basé sur un grand modèle de langage (LLM) identique aux autres plateformes développées par *OpenAI*. Ce caractéristique le distingue des outils français de *legaltech*.

---

[1] D. WAKELING, C. WELLS , « Allen & Overy et Harvey annoncent un partenariat inédit visant à transformer les services juridiques », Allen & Overy, 16 février 2023, disponible sur https://www.allenovery.com/fr-fr/global/news-and-insights/news/ao-announces-exclusive-launch-partnership-with-harvey (consulté le 31 mars 2023).

[2] K. WIGGERS, « OpenAI-backed legal tech startup Harvey raises $100M », Tech Crunch, 23 juillet 2024, disponible sur https://techcrunch.com/2024/07/23/openai-backed-legaltech-startup-harvey-raises-100m/ (consulté le 10 août 2024). ; Th. CALVI, « HARVEY, start-up soutenue par OpenAI, annonce une levée de fonds de 80 millions de dollars », Actuia, 22 décembre 2023, disponible sur https://www.actuia.com/actualite/harvey-start-up-soutenue-par-openai-annonce-une-levee-de-fonds-de-80-millions-de-dollars/ (consulté le 10 août 2024).

En matière de sécurité des données, ce système offre un avantage significatif en permettant à chaque cabinet d'avocats de gérer l'hébergement des données en interne. Plutôt que de dépendre de serveurs externes, souvent perçus comme plus vulnérables, les cabinets peuvent ainsi maintenir un contrôle total sur leurs informations sensibles.

Cette autonomie renforce non seulement la confidentialité des données, mais aussi la capacité à répondre rapidement et efficacement aux exigences réglementaires et aux attentes des clients en matière de protection des informations.

Ce modèle d'hébergement interne garantit une sécurité accrue, en adéquation avec les normes les plus strictes, tout en offrant la flexibilité nécessaire pour adapter les solutions de stockage aux besoins spécifiques de chaque cabinet. En somme, il s'agit d'une approche qui conjugue innovation technologique et respect des principes fondamentaux de la profession, assurant ainsi une confiance renouvelée dans la gestion des données juridiques.

L'adaptation à un modèle d'apprentissage juridique a été fait grâce à une pratique d'ajustement technique connue sous le terme *fine-tuning*, consistant en une technique qui spécialise un modèle pré-entraîné de l'apprentissage profonde sur un cadre spécifique et déterminé.

Cet ajustement (fine-tuning) est défini par la CNIL comme une « technique consistant à spécialiser un modèle d'IA pré-entraîné à l'accomplissement d'une tâche spécifique. Cela consiste généralement à entraîner le modèle dans son ensemble, ou seulement certaines couches d'un réseau de neurones, pour un faible nombre d'itérations sur un ensemble de données spécifiques correspondant à la tâche visée. Cette pratique est parfois traduite par

" affinage ", " réglage fin ", " peaufinage " ou encore " spécialisation " »[1].

Compte tenu de ces caractéristiques, nous pouvons estimer que son fonctionnement est plus ou moins similaire à celui du logiciel *ChatGPT* conçu et mis en service par *OpenAI*[2], en considérant que les algorithmes développés par *OpenAI* sont disponibles gratuitement au grand public.

Ce système ajoute simplement une couche supplémentaire sur le processus d'apprentissage automatique permettant une compréhension plus précise et exacte du sens juridique des textes.

L'objectif principal de cette création est de faciliter les activités des avocats, de renforcer la confiance entre les clients et les prestataires de services juridiques, et d'accroître la transparence de ces activités[3].

En février 2023, ce système était utilisé par 3 500 avocats membres du Réseau du Cabinet *Allen & Overy* (désormais *A&O Shearman*), générant environ 40 000 interactions depuis sa création[4]. Ainsi, en mars 2023, grâce

---

[1] CNIL, « Ajustement (fine-tuning) », disponible sur https://www.cnil.fr/fr/definition/ajustement-fine-tuning (consulté le 20 août 2024).

[2] A. PERLMAN, « The Implications of ChatGPT for Legal Services and Society, Lead Article », Harvard Law School, mars/avril 2023, disponible sur https://clp.law.harvard.edu/knowledge-hub/magazine/issues/generative-ai-in-the-legal-profession/the-implications-of-chatgpt-for-legal-services-and-society/ (consulté le 2 juin 2023). ; K. ARMSTRONG, « ChatGPT: US lawyer admits using AI for case research », BBC News, disponible sur https://www.bbc.com/news/world-us-canada-65735769 (consulté le 2 juin 2023).

[3] Harvey, disponible sur https://www.harvey.ai/blog (consulté le 9 mai 2023).

[4] D. Wakeling, « A&O announces exclusive launch partnership with Harvey », A&O Shearman, 15 février 2023, disponible sur https://www.aoshearman.com/en/news/ao-announces-exclusive-launch-partnership-with-harvey (consulté le 15 juin 2024).

à un partenariat avec le Cabinet *PwC,* son utilisation par plus de 4 000 avocats est envisagée. Grâce à ce partenariat, le développement de cette pratique se réalise de manière significative dans 50 pays.

Un autre logiciel conçu en partenariat direct avec un cabinet d'avocats, *Luminance*, est le fruit d'une coopération entre le célèbre Cabinet *Bird & Bird* et une équipe externe d'ingénieurs. Ce logiciel, principalement utilisé dans le cadre des activités de contrôle de due diligence[1], a ensuite été adopté par d'autres cabinets exerçant des activités similaires.

La particularité de la plateforme *Harvey*, notamment par rapport à *Luminance* se caractérise par le fait qu'elle donne la possibilité aux autres cabinets d'avocats de soumettre une demande d'accès à celle-ci. Elle n'est donc pas en libre vente, contrairement aux autres outils algorithmiques d'assistance aux avocats tel que *Luminance*.

C'est, en effet, la première fois qu'un cabinet d'avocats possède un droit quasi exclusif (partagé avec une équipe d'ingénieurs externes) d'accès, d'exploitation et éventuellement de vente les services élaborés via un logiciel.

Cela peut être perçu comme un instrument d'affirmation et de renforcement du caractère élitiste d'un groupe de cabinets d'avocats. Plus précisément, cela permet au Cabinet *Allen & Overy* (*A&O Shearman*) d'influencer le développement des cabinets qu'il choisit, créant potentiellement une forme de dépendance matérielle, voire intellectuelle, à ce dernier à long terme.

Un partenariat avec ces cabinets augmentés par l'intelligence artificielle peut produire uniforme d'un géant dominant dans le marché.

---

[1] N. BLUNDELL, « Due Diligence », Bird&Bird, disponible sur https://www.twobirds.com/en/capabilities/client-solutions/automation/due-diligence (consulté le 9 mai 2023).

Une initiative similaire a été prise par le cabinet parisien Vogel & Vogel, qui a lancé, en même temps, la plateforme *Livv*. Il s'agit, en réalité, d'un simple moteur de recherche offrant également la possibilité d'analyses simples de textes législatifs et jurisprudentiels[1].

Aucune de ces initiatives n'a été réalisée ou envisagée sans recours à des experts externes. Par conséquent, l'idée de la création et de l'insertion de départements de R&D au sein des cabinets d'avocats reste originale et innovante. Ainsi, ces initiatives visent spécifiquement à un usage des logiciels par les avocats.

Le Cabinet Avocap 2.2. est un autre pionnier en ayant intégralement internalisé la conception de l'intelligence artificielle. Ce cabinet se positionne ainsi comme le premier à proposer simultanément des services B2C (en anglais : *Business to Consumer*) et B2B (en anglais : *Business to Business*) dans le cadre de sa solution algorithmique innovante, baptisée « DAD » (un acronyme pour « le Droit au droit »)[2].

Ce système novateur a permis à ce cabinet de minimiser considérablement les coûts d'accès aux consultations juridiques pour les individus et les entreprises, grâce à l'assistance de l'intelligence artificielle. Par ces mesures, Maître Lizop envisage de créer une sorte de « carte vitale juridique », assurant un accès « universel » aux avis des avocats.

Il définit cela comme « un droit (fondamental) à l'accès au droit », envisagé dans la même veine que l'accès à la justice (ce propos a été exprimé lors d'un échange avec l'auteur en juin 2024).

---

[1] Livv Legal Intelligence by Vogel, https://livv.eu (consulté le 9 mai 2023).

[2] Avocap, Programme Avocap « DAD » (le droit au droit), disponible sur https://www.avocap.eu/avocap-dad/ (consulté le 10 juillet 2024).

Dans sa première phase, ce projet vise une élaboration automatisée de solutions juridiques précises et pertinentes pour les besoins des populations très clairement identifiées, telles que « les agents immobiliers », « les français de l'étranger », « les associations Loi 1901 », « les dirigeants d'établissement d'hébergement pour personnes âgées dépendantes », « les élus locaux » et bien d'autres [1].

[1] Ibidem.

Chapitre 3
Une mesure garantissant l'efficacité et l'indépendance des cabinets d'avocats

Dans un marché compétitif où les cabinets d'avocats augmentés tirent parti des innovations technologiques pour conquérir le marché, leurs concurrents doivent trouver des solutions encore plus innovantes pour renforcer leur position et remporter la concurrence.

Ainsi, la création de départements de recherche et développement (R&D) et leur intégration au sein des cabinets d'avocats deviennent de plus en plus importantes et essentielles.

Les développements récents des systèmes de programmation algorithmique, en particulier ceux relevant de l'intelligence artificielle générative, ont permis aux individus et aux entreprises de créer des logiciels adaptés à leurs besoins.

Aujourd'hui, il est même possible de concevoir des outils algorithmiques et numériques sans connaître le langage informatique, et de manière générale, sans nécessiter des compétences informatiques particulièrement élevées, grâce aux techniques connues sous le nom « *no code* » ou « *low code* »[1].

---

[1] R. D. CABALLAR, « Programming Without Code: The Rise of No-Code Software Development Microsoft's Power Apps, Oracle's Visual Builder, and other tools let you create software without needing to code », Ieee Spectrum, 11 mars 2020, https://spectrum.ieee.org/programming-without-code-no-code-software-development (consulté le 29 mai 2023).
V. LUGOVSKY, « A Guide To Low-Code/No-Code Development Platforms In 2021 », Forbes , 30 juillet 2021, disponible sur https://www.forbes.com/sites/forbesbusinesscouncil/2021/07/30/a-

Ces techniques permettent de créer de nouveaux outils en fonction des besoins spécifiques de leurs concepteurs, à travers une interface visuelle donnant la possibilité d'une interaction avec les systèmes de l'intelligence artificielle générative.

Sous l'influence de ces évolutions, les enjeux et les impacts liés à la maturité technologique des acteurs impliqués dans ce processus s'atténuent progressivement.

Dès lors, la question pouvant se poser est de savoir dans quelles mesures l'intégration des départements de R&D aux cabinets d'avocats peut produire des bénéfices « directs » et « indirects ». La conception et la commercialisation de logiciels sur le marché constituent des exemples pertinents de la première catégorie de bénéfices.

L'utilité de ces logiciels ne se limite pas à la conception d'outils d'assistance et d'aide à la décision juridique. Ils peuvent être également employés pour mesurer la pertinence et la qualité des services, évaluer la satisfaction des clients, et programmer de nouvelles méthodes visant à améliorer le fonctionnement des cabinets.

La seconde catégorie de bénéfices peut inclure notamment la réduction des coûts des cabinets, ainsi que l'économie de temps et d'énergie pour les avocats grâce à l'utilisation de ces outils. En outre, elle comprend la suppression des barrières matérielles (les locaux des cabinets, les espaces physiques de stockage, les mobiliers, les fournitures de bureau, etc.) qui consomment à la fois l'énergie et le budget des cabinets.

Dans ce contexte, il est essentiel d'envisager la création d'un service de *marketing* au sein de ces départements de

---

guide-to-low-codeno-code-development-platforms-in-2021/ (consulté le 29 mai 2023). ; A. MILLER, « Low Code vs No Code Explained », DevOps Blog, 30 juillet 2021, disponible sur https://www.bmc.com/blogs/low-code-vs-no-code/ (consulté le 29 mai 2023).

R&D. Ce service aurait pour mission de déterminer précisément les besoins et les demandes du marché. Il permettrait de définir les caractéristiques à prendre en compte par ces départements, en intégrant à la fois les éléments internes (les besoins des cabinets concepteurs de systèmes) et externes (les attentes des autres clients potentiels).

Il convient de rappeler qu'en ce qui concerne la conception d'outils sophistiqués de production automatisée de conseils juridiques (allant au-delà d'une simple fourniture de données), seuls les cabinets d'avocats et les autres professionnels mentionnés à l'article 56 de la Loi n° 71-1130 du 31 décembre 1971 bénéficient du privilège de fournir ces services en mode B2B (en anglais : *business to business*) et B2C (en anglais : *business to consumer*), tant auprès de leurs confrères que de toute autre personne, physique ou morale.

En France, contrairement aux pays anglo-saxons où les avocats peuvent intégrer les entreprise en tant qu'avocats salariés, notre cadre juridique préserve une distinction stricte entre l'exercice de la profession d'avocat et le salariat en entreprise. Bien que cette séparation puisse sembler restrictive, elle garantit l'indépendance de l'avocat et le respect des obligations déontologiques qui constituent le socle de la profession.

Cependant, pour les avocats désireux de dévlopper et de concevoir les systèmes de l'intelligence artificielle générative, cette situation présente un défi. En effet, s'ils choisissent de quitter le barreau pour rejoindre une entreprise, ils se privent de l'aptitude et de la compétence (officielle) pour fournir un service automatisé de consultataion et de redaction des actes en utilisant ces technologies.

Néanmoins, cette apparente limitation peut en réalité se transformer en une opportunité . Plutôt que de voir cette différence comme une contrainte, il serait plus pertinent d'exploiter la complémentarité des compétences en intégrant des ingénieurs spécialisés dans les cabinets d'avocats.

Cette collaboration permettrait non seulement de respecter les normes déontologiques, mais aussi d'enrichir la pratique juridique par la conception de ces systèmes. En d'autres termes, là où les pays anglo-saxons misent sur l'intégration directe des avocats dans les entreprises, le modèle français peut valoriser une coopération synergique entre ingénieurs et avocats, maximisant ainsi l'innovation tout en préservant l'éthique professionnelle.

Les bénéfices et la nécessité de créer et d'intégrer des départements de R&D ne se limitent pas aux seuls intérêts économiques et financiers, ni à l'indépendance des cabinets d'avocats.

Les systèmes de l'intelligence artificielle peuvent également renforcer la sécurité de l'exercice de la profession d'avocat en garantissant le respect des obligations légales et déontologiques. Cela peut être réalisé en appliquant une surveillance permanente sur les correspondances et les documents rédigés par les avocats.

En reliant un système d'intelligence artificielle générative aux sources déontologiques de la profession d'avocat, telles que le Code de déontologie des avocats européens, le Règlement intérieur national de la profession d'avocat, le Règlement intérieur des Barreaux, les avis du Conseil de l'Ordre, ainsi que d'autres sources jurisprudentielles, comme les décisions du 24 mai 2018[1] et du 16 juin 2016[2] de la Cour européenne des droits de l'homme, ce système de pourrait surveiller le respect de ces règles et signaler toute suspicion de leur violation en temps

[1] CEDH, 24 mai 2018, n° 28798/13, *L. c/ France.*

[2] CEDH, 16 juin 2016, n° 49176/11, *Versini-Campinchi et Crasnianski c/ France.*

réel. En outre, la sécurité des données sensibles peut être assurée grâce à un archivage sur une *blockchain*.

Les données peuvent être archivées soit sous le format d'un jeton fongible ou un jeton non fongible (NFT). Le premier permet sa transmission libre et le second garantir une possession maitrisée. Ce dernier est, par conséquent, plus adapté à l'archivage interne dans les cabinets d'avocats. Il ne peut toutefois pas être facilement transmis aux autres personnes impliquées dans les litiges, englobant non seulement la partie adverse mais aussi les membres du greffe des juridictions etc.

Il convient de considérer que le risque de violation des données est accentué lorsqu'elles sont stockées dans des bases de données hébergées en dehors de l'Union Européenne, notamment dans des pays qui ne garantissent pas un niveau de sécurité équivalent à celui de l'Union européenne.

Ce risque est également présent lorsque les données deviennent des cibles de cyberattaques, même si elles sont protégées par les droits européens, englobant les dispositions juridiques de l'Union européenne et du Conseil de l'Europe.

Le renforcement de la sécurité des données via un stockage interne au sein des cabinets peut atténuer, voire éliminer le risque de condamnations *a posteriori* devant les instances disciplinaires, en particulier lorsque ces services sont fournis directement par des avocats.

Cette pratique peut donc être perçue comme une assurance financière. Dans l'hypothèse de sa mise en œuvre, les dépenses associées doivent être intégrées dans l'élaboration des modèles d'affaires et la détermination des honoraires des cabinets.

La mise en place de ces systèmes requiert un contrôle de cybersécurité particulièrement efficace, avancé et puissant, devant être continuellement développé en fonction des évolutions des techniques de cyberattaque. Les coûts de mise en œuvre d'un tel contrôle peuvent également varier considérablement.

Ces coûts s'ajouteront aux dépenses ordinaires de stockage des données, ce qui peut amener les avocats à s'interroger sur l'intérêt économique d'une telle gestion interne des données.

En effet, cela pourrait affaiblir la sécurité de leurs systèmes et, de manière plus générale, l'intérêt de recourir aux outils algorithmiques et numériques.

À la suite de l'adoption définitive du Règlement européen sur l'intelligence artificielle en août 2024, les avocats sont tenus de mettre en place des systèmes de contrôle de sécurité renforcés, de procéder à des audits réguliers ainsi et de documenter ces mesures auprès des autorités compétentes.

Cette exigence soulève des questions encore plus considérables quant à l'intérêt de l'utilisation des systèmes d'intelligence artificielle. Il est important de noter que, dans le cadre de ce règlement, contrairement à celui applicable à la protection des données, cette obligation ne peut être écartée au motif du consentement des titulaires primaires des données et des utilisateurs finaux des systèmes.

Cela souligne la nécessité impérieuse de transformer et d'adapter les modèles d'affaires des cabinets pour intégrer ces éléments et ces dépenses émergentes, afin de définir la stratégie la plus pertinente.

La dépendance des cabinets d'avocats aux acteurs de la *legaltech* peut être à la fois « opérationnelle (matérielle) » et « financière (et budgétaire) ». Dans le contexte du contrôle de gestion, l'hyperconnexion entre les avocats et les acteurs de la *legaltech* peut complexifier le suivi des centres de responsabilité.

La première forme de dépendance apparaît lorsque le marché traditionnel des prestations de services juridiques, notamment ceux des avocats, est concurrencé par les acteurs de la *legaltech*.

Dans ces circonstances, ces derniers se positionnent à la fois comme « concurrents » et « partenaires » des cabinets d'avocats. En produisant une dépendance vis-à-vis de ces derniers, ils peuvent présenter les services très similaires aux clients potentiels des avocats, en créant ainsi une double dynamique de concurrence et de dépendance.

Ces acteurs peuvent exploiter ce besoin matériel pour atteindre des objectifs concurrentiels, exerçant aussi parallèlement une pression financière pour garantir une position favorable sur le marché. Cela peut se manifester par des actions de lobbying et la formation d'alliances stratégiques.

Cette pression peut également réduire les capacités matérielles des cabinets d'avocats en suspendant la fourniture d'outils numériques et algorithmiques essentiels à l'automatisation de leur fonctionnement.

Dans ce scénario, même si les cabinets ne sont pas complètement paralysés, leurs dépenses pourraient augmenter de manière significative (en raison de passage aux processus manuels de traitement des dossiers), tandis que celles des acteurs de la *legaltech* diminueraient grâce à l'automatisation. À long terme, cela pourrait augmenter leur chiffre d'affaires, en accélérant et renforçant leur développement.

Plus précisément, si les entreprises fournissant ces outils refusent de les proposer aux cabinets d'avocats qui élargissent leur clientèle et leur champ d'activité grâce à ces outils, les cabinets se retrouveront incapables de maintenir les mêmes niveaux de service au même coût.

Le retour à des systèmes traditionnels entraînerait une flambée des coûts, les obligeant à augmenter leurs honoraires et à allonger leurs délais de prestation, ce qui peut entraîner ainsi une perte radicale de clients. Ces changements pourraient inciter les clients à se tourner davantage vers les entreprises de *legaltech* pour certains services.

L'importance de ces impacts potentiels dépendrait de la structure du cabinet d'avocats et des domaines d'exercice de chacun de ses membres.

Théoriquement, les entreprises de la *legaltech*, offrant des services tels que la rédaction automatisée d'actes et la fourniture d'informations juridiques, ne ciblent pas directement le marché des avocats, dont la mission principale est la représentation et la défense des justiciables dans le cadre des litiges (notamment devant les juridictions).

Théoriquement, les entreprises de la legaltech (offrant des services tels que la rédaction automatisée d'actes et la fourniture des informations juridiques) ne ciblent pas directement le marché des avocats, dont la mission principale est la représentation et la défense des justiciables devant les juridictions.

Il s'agit d'une compétence réservée à cette catégorie de professionnels du droit. Par conséquent, dans l'hypothèse de l'émergence d'une telle situation concurrentielle, un cabinet engagé dans les actions contentieuses est davantage à l'abri face au risque de la perte de sa clientèle. En revanche, un cabinet exclusivement dédié à la rédaction d'actes ou à la vérification et à la mise en conformité juridique et éthique court un risque plus important.

Sur le même fondement rationnel, on peut faire valoir que la nécessité d'automatisation, visant à réduire les dépenses et à accélérer le traitement des tâches, est particulièrement cruciale pour un cabinet spécialisé en conseil plutôt qu'en contentieux.

Lorsque les cabinets d'avocats et les entreprises de la *legaltech* se trouvent sur le même marché, la rentabilité des modèles d'affaires des cabinets d'avocats « augmentés » dépendra de ces entreprises.

Ces considérations nous amènent à conclure que la formation d'une alliance entre les acteurs de la *legaltech* présenterait un risque réel de dépendance fonctionnelle pour les cabinets d'avocats. Il est donc impératif, pour les cabinets menacés par cette concurrence, de créer des départements internes de R&D.

Ces départements peuvent également être utiles pour préparer des rapports périodiques analysant en détail les contraintes et les possibilités pouvant être envisagées pour les éliminer.

En définissant les coûts de création d'outils (ou éventuellement l'achat de brevets) et les bénéfices potentiels, ils peuvent évaluer la rentabilité de ce recours et éventuellement déterminer un niveau pertinent d'automatisation des missions du cabinet, en équilibrant les dépenses et les bénéfices économiques ainsi que les attentes des clients (afin d'évaluer également les impacts de cette automatisation sur la confiance accordée par les clients).

En conclusion, la création de ces départements dans les cabinets peut considérablement optimiser la maîtrise des dépenses et des bénéfices.

Une dépendance émergente aux acteurs externes peut être également d'une nature non-matérielle. Par exemple, l'utilisation des outils numériques, de l'intelligence artificielle et de la *blockchain* peut poser des problèmes importants de protection des données lorsque les cabinets font appel à des hébergeurs étrangers, en raison de leurs frais séduisants et quasi-gratuits ou lorsqu'ils utilisent une version gratuite des systèmes de l'intelligence artificielle générative des entreprises étrangères qui n'assurent pas une confidentialité absolue des données.

Lorsque les membres de ces cabinets utilisent ces outils, les données sont stockées dans les bases de données utilisées par les prestataires des systèmes. Cela pourrait créer donc une dépendance supplémentaire aux sous-traitants des données.

Dans cette hypothèse, ils pourraient même suspendre ou bloquer l'accès à leurs propres données ou exiger des sommes exorbitantes pour le rétablir.

Il est important de souligner que lorsque les données sont stockées en dehors de l'Union européenne, leur traitement est régi par les lois de protection des données du pays d'hébergement. Cela expose les données à des risques d'utilisation, de commercialisation ou de reproduction par les hébergeurs.

Dans ces circonstances, la protection des données n'est pas garantie, ce qui pourrait éroder la confiance envers ces outils et, par conséquent, envers les cabinets qui y font appel. Même en présence d'une protection identique à celle existant dans l'Union européenne, l'utilisation de ces données et la relation avec les fournisseurs des systèmes seraient soumises au droit international privé.

Ainsi, en cas de litige, la juridiction du lieu de domiciliation de ces fournisseurs pourrait être compétent. Cela pourrait donc complexifier les voies pour résoudre les litiges portant sur ce sujet. Ce risque est encore plus important dans un environnement où les professionnels sont soumis à des obligations strictes de protection des données sensibles.

Les départements de R&D peuvent trouver ou inventer des solutions pour créer, utiliser et optimiser la protection de ces espaces dématérialisés, voire envisager la création de petits espaces de stockage des données adaptés à la taille et aux besoins de chaque cabinet.

Il est, par exemple, important de considérer que la création d'espaces de stockage pour un petit cabinet ne serait pas très coûteuse, mais attirerait la confiance des clients, élargissant ainsi la clientèle et générant plus de bénéfices.

Une mission importante de ces futurs départements de R&D consiste en l'évaluation de la rentabilité de leur propre existence pour le cabinet. Par exemple, si les dépenses pour créer des espaces de stockage internes ne justifient pas l'augmentation de la confiance des clients, une telle proposition doit être écartée. Ainsi, si, à long terme, le coût de la conception interne d'un système de l'intelligence artificielle est jugé supérieur à celui d'utilisation des outils externes, et si ces départements considèrent qu'ils ne disposent pas des moyens réduisant les coûts, ils peuvent décider de mettre fin à leurs activités.

De manière générale, la création de ces départements affaiblirait la position monopolistique des entreprises de la *legaltech*. Cette concurrence pourrait potentiellement aboutir à une rationalisation des prix d'utilisation de ces services et même leur baisse généralisée.

A long terme, cela peut conduire à une démocratisation d'accès au droit et à la justice. Par conséquent, la création des départements de R&D dans les cabinets d'avocats pourrait être même considérée comme une mission de l'intérêt public.

Chapitre 4
Une mesure visant à conquérir le marché des outils de la *legaltech* par les cabinets d'avocats

Dans le contexte du marché de la *legaltech*, l'intelligence artificielle ouvre de nouvelles perspectives tant économiques que commerciales. Elle permet d'une part la prestation directe de services juridiques par des entreprises spécialisées et, d'autre part, sous-tend le développement de logiciels destinés aux professionnels du droit, notamment les avocats. Cette technologie se situe ainsi à la croisée des chemins de l'économie, du commerce et de la justice[1].

Depuis l'émergence et la croissance rapide du marché des outils de *legaltech*, une inquiétude persistante a régné quant à la possibilité d'une concurrence déloyale entre les avocats et ces nouvelles entreprises. Cette préoccupation était alimentée par la crainte que les outils technologiques puissent entraîner une distorsion significative dans la dynamique concurrentielle traditionnelle.

Cependant, une analyse minutieuse et approfondie de la situation actuelle révèle que, loin de se chevaucher, les activités des avocats et des entreprises de *legaltech* opèrent sur des marchés clairement distincts. En effet, les entreprises de *legaltech* ont réussi à créer un secteur novateur : celui de la commercialisation de logiciels juridiques spécialisés. Ces entreprises se consacrent à la conception et à la distribution de solutions technologiques destinées à transformer les pratiques juridiques.

---

[1] N. PRAT, « The Artificial Intelligence Revolution in Analytics, and What It Means for Businesses », op. cit.; Cf. Stanford Institute for Human-Centered Artificial Intelligence, The AI index repot, Measuring trends in Artificial Intelligence - 2021, op. cit.

De leur côté, les avocats se tournent vers ces outils pour optimiser leur propre pratique, améliorer leur efficacité et élargir leur portefeuille de clients. Ils utilisent ces technologies non pas en tant que concurrents directs des entreprises de *legaltech*, mais plutôt comme des moyens d'enrichir leur offre de services et d'accroître leur compétitivité sur le marché. Ainsi, plutôt que de s'opposer, ces deux secteurs semblent coexister de manière complémentaire, chacun apportant une contribution unique à l'évolution du domaine juridique.

Bien que ces entreprises aient la capacité de s'adresser également aux clients finaux, qu'il s'agisse de particuliers, de directions juridiques ou d'administrations publiques, leur véritable cœur de cible reste les professionnels du droit, et en particulier les avocats. En effet, ces derniers, par leur besoin constant d'efficacité, de précision et de conformité, représentent un marché stratégique de premier ordre.

Dans ce contexte, nous observons l'émergence de deux segments de marché distincts : l'un visant spécifiquement les avocats, avec des solutions taillées sur mesure pour répondre à leurs exigences professionnelles, et l'autre s'adressant au grand public, offrant des services plus généralistes mais néanmoins essentiels.

Cette dualité de marchés souligne l'importance de répondre à des besoins variés tout en maximisant l'impact de chaque segment, et offre ainsi des opportunités considérables d'innovation et de croissance.

Nous avons expliqué qu'en maîtrisant leurs outils de production, les avocats pourraient même élargir leur champ d'activité en concevant des systèmes très spécialisés capables de résoudre des questions techniques spécifiques à un domaine ou à une catégorie de personnes déterminée. De plus, leur statut d'avocat leur confère une légitimité particulière auprès des clients et des institutions.

Grâce au caractère « réglementé » et au statut « noble » dont bénéficient les avocats, les clients sont naturellement enclins à accorder une confiance accrue aux outils développés par ces professionnels du droit, par rapport à ceux proposés par les entreprises de *legaltech.*

Ce statut confère aux avocats une légitimité et une autorité que les solutions technologiques seules ne peuvent égaler. En effet, le cadre déontologique strict auquel les avocats sont soumis, ainsi que leur engagement envers des principes éthiques rigoureux, renforcent leur crédibilité aux yeux des clients.

Cette confiance est cruciale dans un domaine aussi sensible que le droit, où l'exactitude, la confidentialité et la responsabilité sont des enjeux majeurs. Ainsi, les outils et services créés par les avocats ne sont pas seulement perçus comme des solutions technologiques, mais comme des garanties de qualité et de sécurité, ce qui les distingue nettement de ceux conçus par des entreprises de legaltech, souvent perçues comme moins enracinées dans les traditions et les obligations du métier juridique.

Il en découle que les outils développés par les avocats sont non seulement perçus comme étant en parfaite adéquation avec les besoins et les intérêts des professions juridiques, mais ils incarnent également une compréhension profonde des défis et des attentes spécifiques à ce secteur.

Cette perception est renforcée par l'initiative visionnaire du Cabinet Avocap 2.2, qui, avec son projet innovant DAD, s'inscrit pleinement dans cette dynamique de modernisation et de spécialisation. Ce projet illustre comment les avocats, forts de leur expertise et de leur engagement envers la profession, peuvent non seulement améliorer la pratique du droit, mais aussi se positionner comme des pionniers dans la création d'outils juridiques de pointe.

En s’investissant dans de tels projets, les avocats ont non seulement l’opportunité d'optimiser leurs services existants, mais ils peuvent également ouvrir de nouveaux horizons, en attirant une clientèle diversifiée et en répondant à des besoins émergents.

Ce processus d’innovation continue permet non seulement de renforcer la pertinence des cabinets d’avocats sur le marché, mais aussi de positionner ces derniers comme des acteurs incontournables dans l’évolution des services juridiques à l’ère du numérique.

Dans cette hypothèse, nous pourrions envisager une transformation fondamentale du marché des services juridiques, le rendant de plus en plus spécialisant et spécialisé.

Cette dynamique pourrait conduire à une transformation profonde du marché des services juridiques, le rendant de plus en plus spécialisant et spécialisé. Les services juridiques généralistes pourraient ainsi se raréfier, marginalisant les avocats généralistes.

En effet, les avocats sont soumis à des règles déontologiques rigoureuses qui garantissent un champ conceptuel assez large englobant notamment, l’humanité, la confraternité, la confidentialité et la qualité globale des services rendus. Ces principes s'appliquent également à la conception et à la commercialisation de leurs logiciels.

Par conséquent, en cas de dysfonctionnement des systèmes algorithmiques (ou numériques), leurs créateurs et leurs commerçants peuvent être tenus responsables non seulement devant les instances judiciaires, mais également devant les instances disciplinaires (notamment le Conseil de l'Ordre).

Au sein de l'Union européenne, leurs obligations en matière de la mise en conformité des systèmes seront pratiquement limitées à celles définies par le Règlement européen sur l'intelligence artificielle et celles du Règlement général de protection des données.

La prestation de ces services à chaque catégorie de personnes peut être soumise à une réglementation différente. Par exemple, lorsqu'un cabinet d'avocats conçoit un outil et le met à disposition des particuliers (non professionnels), les dispositions du Code de la consommation s'appliquent sur cette opération.

Lorsque des entreprises de *legaltech* proposent leurs services à des professionnels du droit, la qualification de « consommateur » pour ces derniers ne relève pas de l'évidence. Par conséquent, les règles applicables à ces opérations seront relativement moins strictes.

Conclusion

> « Le meilleur investissement que vous puissiez faire c'est de miser sur vos propres capacités »[1].
>
> - Warren BUFFETT

L'avocature, jadis cloîtrée dans des bureaux traditionnels, s'est envolée vers de nouveaux horizons dématérialisés.

Grâce aux technologies de l'intelligence artificielle et du numérique, les cabinets ont mué, se métamorphosant en entités virtuelles, plus agiles et plus efficaces.

Ces technologies forment la pierre angulaire de la quatrième révolution industrielle [2]. Ces technologies forment la pierre angulaire de la quatrième révolution industrielle. Elles apportent non seulement une transformation profonde à la structure économique du marché des services juridiques et au fonctionnement des cabinets d'avocats, mais aussi une intégration harmonieuse de ces innovations dans la vie quotidienne des clients.

Ces technologies peuvent être considérées comme des systèmes « autopoïétiques », capables de s'adapter progressivement à leur environnement.

---

[1] A. AMBERT, « Warren Buffett : sa vie, sa fortune et ses meilleures citations », Finance Héros, 22 mai 2024, disponible sur https://finance-heros.fr/portrait-warren-buffett/ (consulté le 5 juillet 2024)

[2] Cf. W. GILLES, I. BOUHADANA, « Quarante ans de construction du droit du numérique. Les enjeux juridiques de l'avènement d'un monde intelligent », Revue internationale de droit des données et du numérique, vol.5, 2019, p. 15.

L'autopoïèse est l'un des socles du domaine interdisciplinaire de « la vie artificielle ». Composé des mots « auto » et « poïèse », ce terme signifie « autocréateur » (ou auto-organisateur)[1].

Les forces créatrices de ces technologies soulignent la nécessité d'une adaptation harmonieuse de leur environnement aux effets qu'elles produisent.

Dans les cabinets d'avocats, cette révolution est porteuse des reconfigurations multiples et variées. Les coûts ont fondu, la rapidité a explosé, de nouvelles clientèles ont été conquises et des dépenses d'une nouvelle nature sont générées. Pourtant, ce n'est pas tout : le système de la valorisation des prestations juridiques a aussi été bouleversé.

En effet, contrairement aux cabinets d'avocats traditionnels où le montant des honoraires est plutôt justifié par « les moyens d'exercice » de leurs activités (principalement l'énergie ou le temps investis par les avocats), dans les cabinets dits « augmentés », la valeur d'une prestation juridique est désormais davantage liée à sa finalité et au type de service qu'à l'énergie déployée pour l'accomplir.

Cette transformation structurelle et fondamentale met en lumière la nécessité d'adopter de nouveaux modèles d'affaires pour les cabinets et de nouvelles méthodes de valorisation des prestations juridiques.

Ces modèles et ces méthodes doivent être élaborés d'une manière dynamique afin d'être compatibles avec les évolutions rapides des nouvelles technologies, les cadres juridiques qui les régissent, ainsi que les impacts globaux qu'elles produisent.

---

[1] CF. F. VARELA, H. MATURANA, R. URIBE, « Autopoiesis : the organization of living systems, its characterization and a model », Currents in modern biology, mai 1974, vol. 5, n° 4, pp.187-196.

Dans certains pays comme le Canada, une telle reconfiguration du système de facturation des prestations des avocats utilisant ces outils est désormais obligatoire. En France, bien qu'aucune obligation similaire n'existe encore, il serait judicieux de s'inspirer de ces expériences, afin d'optimiser la cohérence économique dans ce marché.

Dans ce contexte, le seul élément pouvant produire des dépenses exorbitantes est celui des frais d'utilisation et d'exploitation des logiciels qui peuvent peser lourdement sur les honoraires qui doivent être désormais déterminés en prenant en compte ces frais.

Pour y remédier, la création de départements de R&D au sein des cabinets pourrait s'avérer une solution pertinente.

Une analyse approfondie de l'ensemble des études empiriques et théoriques présentées dans cet ouvrage nous permet de conclure que la création de ces départements peut présenter des intérêts considérables, à condition que les dépenses générées par leur mise en œuvre et leur fonctionnement ne soient pas supérieures aux économies réalisées grâce à la conception de leurs produits.

Selon les témoignages recueillis par l'auteur, il semble que la principale crainte concernant la mise en œuvre d'une telle structure réside dans le risque que les bénéfices générés par la conception interne d'outils ne justifient pas les frais engagés.

Dans ces circonstances, recourir à une levée de fonds et à des financements externes pourrait sembler une solution pertinente pour financer partiellement ces activités. Cependant, en pratique, cela pourrait compromettre l'indépendance des cabinets d'avocats, un principe essentiel de leur profession, et ainsi nuire à leur réputation. Cela peut donc considérablement impacter leur réputation.

Compte tenu de la diversité et de l'hétérogénéité des formes et des usages des techniques d'intelligence artificielle et du numérique utilisables dans les cabinets d'avocats, il serait extrêmement difficile d'évaluer les coûts de leur conception à l'avance. En revanche, l'évaluation de leurs bénéfices économiques après leur création semble être une tâche beaucoup plus aisée.

Il serait ardu pour les avocats de concevoir un modèle d'affaires fiable, précis et concret pour le fonctionnement de ces départements avant leur lancement, en raison de cette incertitude. Cela peut freiner les initiatives des cabinets, qui craignent que leurs investissements ne soient pas suffisamment rentabilisés.

Les nouveaux modèles d'affaires peuvent même être élaborés de manière totalement automatisée, sans intervention humaine, par un système d'intelligence artificielle créé par les départements de R&D.

Ce système prendrait en compte les particularités de chaque technique sous-jacente à cette technologie, ainsi que la maturité et les intérêts des cabinets[1].

Dans ce contexte, l'intelligence artificielle pourrait continuellement faire évoluer le modèle d'affaires en temps réel, en détectant immédiatement l'émergence de nouveaux besoins et l'invention de nouvelles solutions technologiques, qu'elles soient internes (créées par ces départements) ou externes (provenant d'autres acteurs).

Elle pourrait identifier la pertinence de chaque mécanisme et signaler tout dysfonctionnement éventuel. De plus, elle pourrait détecter toute insatisfaction des clients, qu'elle soit consciente ou inconsciente. Cela inclut les signaux faibles de mécontentement, même lorsqu'ils ne sont

---

[1] J. ARMOUR, M. SAKO, « AI-enabled business models in legal services: from traditional law firms to next-generation law companies? », Journal of Professions and Organization, vol. 7, n° 1, mars 2020, pp. 27-46, disponible sur https://doi.org/10.1093/jpo/joaa001 (consulté le 22 mai 2023).

pas clairement exprimés par les clients ou perçus par les avocats[1].

Par exemple, ces signaux peuvent être détectés par les algorithmes en analysant les correspondances habituelles entre les avocats et leurs clients, tout en respectant strictement les règles de confidentialité professionnelle et de protection des données.

Cependant, l'intelligence artificielle peut rencontrer des défis lorsqu'elle doit identifier les « sentiments mélangés », constituant, selon Madame la Professeure Laurence DEVILLERS, une grande partie des sentiments humains exprimés dans le quotidien[2].

Grâce aux analyses algorithmiques de ces échanges, les systèmes d'intelligence artificielle pourraient également révolutionner les modèles rédactionnels des correspondances des cabinets.

En analysant les styles d'écriture des clients, un système de l'intelligence artificielle pourrait reproduire des modèles rédactionnels personnalisés ou collectifs d'une « empathie artificielle » à proposer aux avocats. Cela pourrait renforcer la satisfaction des clients lors des communications. Cette idée mérite une évaluation pratique, par exemple par les départements de R&D, afin d'en mesurer la pertinence.

Monsieur Serge TISSERON explique à ce sujet que « l'empathie artificielle reste une notion complexe. Par exemple, que le robot sache lire nos émotions semble

---

[1] Cf. P. RANI, N. SARKAR, « Emotion-sensitive robots-a new paradigm for human–robot interaction », 4th IEEE/ras international conference on humanoid robots, 2004, vol 1, pp 149-167. ; Cf. H. LEVENTHAL, « A perceptual-motor processing model of emotion » In. P. PLINER, K. BLANKSTEIN, I. M. SPIGEL (dir.), Perception of emotion in self and others, vol 5, 1979, Springer, pp 1-46.

[2] L'intervention de Professeure Laurence DEVILLERS, Homme, robots et intelligence artificielle : quelle place donne-t-on aux algorithmes ?, 12 février 2022, Cité de l'économie (Paris).

accessible aux technologies. Mais qu'il sache les interpréter requiert des équations infiniment plus compliquées »[1].

La mise en place de départements de R&D peut profondément transformer le mode de vie professionnel et personnel des avocats et des autres membres des cabinets dotés de telles structures.

En créant leurs propres outils, les cabinets s'ouvrent à de nouvelles perspectives. Ils deviennent ainsi des acteurs à part entière de cette révolution, capables d'innover et de se différencier.

Ces départements représentent une opportunité unique de former les avocats aux compétences technologiques (notamment numériques et algorithmiques), d'économie et de commerce.

Cette formation pourrait aboutir à la création d'une nouvelle génération des « avocats autoentrepreneurs de la *legaltech* », capables de concevoir, développer et commercialiser leurs propres produits, même sans assistance d'ingénieurs, tout en demeurant collaborateurs ou associés au sein d'un cabinet d'avocats.

Après avoir « internalisé » la conception de ces outils au sein des cabinets, ils peuvent les « externaliser » en les en commercialisant auprès d'autres professionnels et de toute autre personne intéressée.

Dans cette hypothèse, leurs utilisateurs ou leurs acheteurs demeurent moyennement dépendants des concepteurs initiaux des systèmes, particulièrement pour le stockage des données, la programmation, la mise à jour des logiciels ainsi que l'assistance technique.

Cela constitue, pour les cabinets disposant de ces départements, un moyen efficace d'affirmer leur position

[1] B. D. COT, « Intelligence artificielle : "Restons maîtres des robots" », Interview avec Serge TISSERON, L'Express, 4 septembre 2015, disponible sur https://lexpansion.lexpress.fr/high-tech/restons-maitres-des- robots_1711529.html (consulté le 24 novembre 2021).

dans un environnement particulièrement compétitif, tel que celui des avocats. Cela peut permettre de capter les clientèles existantes et de créer de nouveaux marchés ainsi que de nouvelles clientèles.

Il est évident que l'efficacité de ce nouvel écosystème repose sur un pilier fondamental : la qualité et la quantité de la coopération entre les avocats et les entreprises de *legaltech.* Cette synergie prometteuse offre une vision rafraîchissante de la pratique du droit, où les frontières entre tradition et innovation se dissolvent pour laisser place à une collaboration harmonieuse qui pourrait ouvrir la voie à une automatisation généralisée et rationalisée de cet écosystème, transformant ainsi les processus habituellement complexes en mécanismes fluides et efficaces. Cette coopération enrichit la spécialisation des professionnels du droit, offrant une expertise plus ciblée et approfondie. Elle se traduirait également par une augmentation significative de la satisfaction des clients.

En effet, lorsque les avocats et les experts en *legaltech* conjuguent leurs efforts, ils créent un environnement où la technologie et l'humain se rencontrent pour offrir des solutions juridiques plus précises, accessibles et réactives. Cette dynamique collaborative ne se contente pas d'optimiser les performances. Elle redéfinit les standards de l'excellence dans la profession, mettant l'accent sur une prestation de services plus personnalisée et efficace. L'ère de l'« écosystème augmenté » est donc une ère de promesses nouvelles, où cette coopération pave la voie vers une pratique du droit plus sophistiquée et gratifiante.

Au cours des dernières années, les avocats qui ne maîtrisaient pas et n'utilisaient pas les technologies du numérique et de l'intelligence artificielle dans le cadre de l'exercice de leur profession risquaient déjà de se marginaliser.

Aujourd’hui, ceux qui ne savent pas tirer parti de ces technologies en concevant leurs propres outils et adapter leur modèle économique à ses spécificités, risquent de perdre en compétitivité.

Cela nous montre que le marché des services et d’assistance juridique est l’aube d’une nouvelle phase de reconfiguration concurrentielle. Désormais, l'avenir des avocats repose de plus en plus sur leur capacité à s'adapter aux nouvelles caractéristiques du marché.

Bibliographie

I. Les ouvrages généraux et les contributions aux ouvrages

ADAM P., Association Française du Droit du Travail et de la Sécurité sociale - A.F.D.T.,

ATLAY J. B., The Victorian Chancellors, Smith, Elder & Company, 1908

BECK M., LIBERT B., « Could AI be the cure for workplace inequality ? » In. Review, Mit Sloan Management, How AI Is Transforming the Organization, MIT Press, 2020, pp. 9-14, disponible sur https://univ-scholarvox-com.ezproxy.u-pec.fr/book/88880018 (consulté le 28 septembre 2023)

BUYLE J-P., VAN DEN BRANDEN A., « La robotisation de la justice » In. JACQUEMIN H., DE STREEL A., L'intelligence artificielle et le droit, Larcier, 3é tirage 2019, coll. du Centre de Recherche Information, Droit et Société (CRIDS), pp. 259-318

DAUGHERTY P. R., WILSON H. J., CHOWDHURY R., « Using Artificial Intelligence to Promote Diversity » In. Review, Mit Sloan Management, How AI Is Transforming the Organization, MIT Press, 2020, pp. 15-22, disponible sur https://univ-scholarvox-com.ezproxy.u-pec.fr/book/88880018 (consulté le 28 septembre 2023)

DIETVORST B. J., (interview réalisée par Paul MICHELMAN), « When people Don't trust Algorithms » In. Review, Mit Sloan Management, How AI Is Transforming the Organization, MIT Press, 2020, pp. 97-104, disponible sur https://univ-scholarvox-com.ezproxy.u-pec.fr/book/88880018 (consulté le 28 septembre 2023)

DOWLING C., Le complexe de cendrillon, Grasset, 1982, 88 p.

DUDEZERT A., « La Transformation digitale des entreprises », Éd. La Découverte, coll. Repères, 2018, 128 p.

HABIB J., BEJEAN M., DUMOND J-P., « Appréhender les transformations organisationnelles de la santé numérique à partir des perceptions des acteurs », In. Systèmes d'information & management, 2017, vol. 22, n° 1, pp. 39-69

JEANDIDIER B., RAY J-C., MANSUY J., « 8 Analyses quantitatives de décisions de justice en matière de prestation compensatoire dans une perspective de justice prédictive » In. SAYN I. (coord.), Justice et numérique. Quelles (r)évolutions? Actes du Séminaire e-juris, La semaine juridique, éd. générale supplément au n° 44-45, 28 octobre 2019, pp. 41-46

M. LE FRIANT, Y. TARASEWICZ, Intelligence artificielle, gestion du personnel et droit du travail : les travaux de l'AFDT, Dalloz, Collection : Thèmes & commentaires, 2020

WILDE O., « Phrases et philosophies pour usage des jeunes » In The Chameleon: A Bazaar of Dangerous and Smiling Chances, edited by John Bloxam, The Chameleon Publishing Company, Londres, 1894, p. 3-13.
OGAWA Y., KAZUHIRO I., ATSUHIKO T., « Evaluation Metrics for Consistent Translation of Japanese Legal Sentences » In FRANCESCONI E., MONTEMAGNI S., PETERS W., TISCORNIa D. (dir.), Semantic Processing of Legal Texts, vol 6036, Springer, pp 235-248
POLLOCK F., A First Book of Jurisprudence for Students of the Common Law, Macmillan, éd. 2, 1896
POSNER R. A., Economic Analysis of Law, Little, Brown and Company, éd. 1, 1973
POTTAGE A., B., SHERMAN B., Figures of Invention: A History of Modern Patent Law, Oxford University Press, 2010
RAJ M., SEAMANS R., « Artificial Intelligence, Labor, Productivity, and the Need for Firm-Level Data » In. AGRAWAL A., GANS J., GOLDFARB A. (dir.), The Economics of Artificial Intelligence: An Agenda, University of Chicago Press, 2019, pp. 553-566
RANCIÈRE J., CORCORAN S. (traducteur), The Edges of Fiction, Wiley, décembre 2019
STEPHEN F. H., Lawyers, Markets and Regulation, Edward Elgar, 2013
VAN DEN BRANDEN A., « La robotisation de la justice » In. JACQUEMIN H., DE STREEL A., L'intelligence artificielle et le droit, coll. du Centre de Recherche Information, Droit et Société (CRIDS), Larcier, 3é tirage 2019, pp. 259-318

II. Les articles

II.I. Les articles de revue

ADNER R., ZEMSKY P., « A demand-based perspective on sustainable competitive advantage », Strategic Management Journal, vol. 27, n°3, 2006, pp. 215-239
BARRAUD B., « Les blockchains et le droit », Revue Lamy droit de l'immatériel (Wolters Kluwer), n° 147, avril 2018, pp. 48-62
BEJEAN M., « Fiction as an instrument of conceptual exploration », Management, 2022, n° 25, vol. 2, pp. 83-85
BENYEKHLEF K., ZHU J., « Intelligence artificielle et justice : justice prédictive, conflits de basse intensité et données massives », les cahiers de propriété intellectuelle, éd. Yvon Blais, vol. 30, n° 3, pp. 789-826
BERLAND N., MOINARD Ch., « Intelligence artificielle et contrôle de gestion : un rapport aux chiffres revisité et des enjeux organisationnels », Annales des Mines, Enjeux numériques, n°12, décembre 2020, disponible sur https://hal.science/hal-03114008/file/Moinard%2C_Berland%2C_2020-12-7.pdf (consulté le 24 septembre 2023)
BROOKS Ch., GHERHES C., VORLEY T., « Artificial intelligence in the legal sector: pressures and challenges of transformation », Artificial intelligence in the legal sector: pressures and challenges of transformation. Cambridge

Journal of Regions, Economy and Society, 2020, vol. 13, n°1, pp. 135-152, disponible sur https://doi.org/10.1093/cjres/rsz026 (consulté le 22 mai 2023)

BURKHART Th., WERTH D., KRUMEICH J., LOOS P., « Analyzing the Business Model Concept – A Comprehensive Classification of Literature », Proceedings of the International Conference on Information Systems, ICIS 2011, Shanghai, Chine, 4-7 décembre 2011, disponible sur https://www.researchgate.net/publication/221599299_Analyzing_the_Business_Model_Concept_-_A_Comprehensive_Classification_of_Literature (consulté le 28 mai 2023)

CABALLAR R. D., « Programming Without Code: The Rise of No-Code Software Development Microsoft's Power Apps, Oracle's Visual Builder, and other tools let you create software without needing to code », Ieee Spectrum, 11 mars 2020, https://spectrum.ieee.org/programming-without-code-no-code-software-development (consulté le 29 mai 2023)

CHESBROUGH H., ROSENBLOOM R. S., « The role of the business model in capturing value from innovation: evidence from Xerox Corporation's technology spin-off companies », Industrial and Corporate Change, vol. 11, n° 3, June 2002, pp. 529-555

DAMAR M., « Metaverse Shape of Your Life for Future: A bibliometric snapshot », Journal of Metaverse, vol. 1, n° 1, pp. 1-8

DE RIDDER M., TASKIN L., AJZEN M., ANTOINE M., JACQUEMIN Ch., « Le métier de manager en transformation : une démarche prospective », Management & Avenir, vol. 3, n° 109, pp. 37-60

DRUCKER P. F., « The Theory of the Business », Harvard Business Review, vol. 72, n° 5, 1994, pp. 95-104

FIELT E., « Conceptualising Business Models: Definitions, Frameworks and Classifications », Journal of Business Models, vol. 1, n° 1, 2013, pp. 85-105

GERMAIN O., LAIFI A., « Les possibilités de la fiction pour rendre présente l'organisation », Revue de psychosociologie et de gestion des comportements organisationnels, vol. XXIV, n° 57, 2018/57, pp. 195-208

LASSEGUE J., « L'Intelligence artificielle, technologie de la vision numérique du monde », Les cahiers de la justice, 2019, n° 2, pp. 205-219

LASSERRE V., « Justice prédictive et transhumanisme », Archives de philosophie du droit, 2018, vol. 1, T. 60, pp. 311-320

LAWLOR R. C., « What computers can do : analysis and prediction of judicial decisions », American Bar Association Journal,1963, vol. 49, n° 4, pp. 337-344

LEE L-H., BRAUD T., ZHOU P., WANG L., XU D., LIN Z., KUMAR A., BERMEJO C., HUI P., « All One Needs to Know about Metaverse: A Complete Survey on Technological Singularity, Virtual Ecosystem, and Research Agenda », Journal of Latex, vol. 14, n° 8, septembre 2021, pp. 1-66

MAGRETTA J., « Why Business Models Matter », Harvard Business Review, n°. 80, vol. 5, mai 2002, pp. 86-92

OSTBERG C. L., WESTSTEIN M. E., DUCAT C. R., « Attitudes, Precedents and Cultural Change: Explaining the Citation of Foreign Precedents by the Supreme Court of Canada », Revue Canadienne de science politique, vol. 34, n° 2, 2001, pp. 377-399

PRAT N., « The Artificial Intelligence Revolution in Analytics, and What It Means for Businesses », ESSEC Knowledge Review, janvier 2021, disponible sur https://knowledge.essec.edu/media/uploads/artificial_intelligence_and_the_technological_transformation.pdf (consulté le 17 février 2022)

RAJA A., « Pour une éthique de l'intelligence artificielle », Gestion (HEC Montréal), vol. 46, n°2, 2021, pp. 100-104

REILING D., « Quelle place pour l'intelligence artificielle dans le processus de décision d'un juge ? », Les Cahiers de la Justice, vol. 2, no. 2, 2019, pp. 221-228

ROSCOE POUND N., « Mechanical Jurisprudence », Columbia Law Review, vol. 8, n° 8, decembre 1908, pp. 605-623

ŠTEFAN S., RICHARD B., « Analysis of Business Models », Journal of Competitiveness, vol. 6, n° 4, décembre 2014, pp. 19-40

STOCK M., « Blockchain, intelligence artificielle et gestion collective », RTDCom. Revue trimestrielle de droit commercial et de droit économique, 2018, n° 3, disponible sur https://shs.hal.science/halshs-02260366 (consulté le 26 septembre 2023)

ZIÓŁKOWSKA M., Determinants of choosing a business model in small and medium-sized enterprises, Journal of Management and Financial Sciences, n° XI., 2018, pp. 93-101

II.II. Les articles de presse et de blog

ABITEBOUL S., G'SELL F., « Les algorithmes pourraient-ils remplacer les juges ? », Le Big Data et le droit, Dalloz, 2019, Thèmes et Commentaire, disponible sur https://hal.inria.fr/hal-02304016v2/document (consulté le 5 janvier 2023)

ARMSTRONG K., « ChatGPT: US lawyer admits using AI for case research », BBC News, disponible sur https://www.bbc.com/news/world-us-canada-65735769 (consulté le 2 juin 2023)

BLUNDELL N., « Due Diligence », Bird&Bird, disponible sur https://www.twobirds.com/en/capabilities/client-solutions/automation/due-diligence (consulté le 9 mai 2023)

CALVI Th., « HARVEY, start-up soutenue par OpenAI, annonce une levée de fonds de 80 millions de dollars », Actuia, 22 décembre 2023, disponible sur https://www.actuia.com/actualite/harvey-start-up-soutenue-par-openai-annonce-une-levee-de-fonds-de-80-millions-de-dollars/ (consulté le 10 août 2024).

CASADESUS-MASANELL R., ENRIC RICART J., « From Strategy to Business Models and to Tactics », HBS, novembre 2009, disponible sur

https://www.hbs.edu/ris/Publication%20Files/10-036.pdf (consulté le 28 mai 2023)
COHEN M-A., « Getting Beyond The Tech in Legal Tech », Forbes, 3 mai 2019, disponible sur https://www.forbes.com/sites/markcohen1/2019/05/03/getting-beyond-the-tech-in-legal-tech/?sh=2432bded16fc (consulté le 25 juin 2023)
CROFT J., « Artificial intelligence disrupting the business of law », Financial Times, 6 octobre 2016, disponible sur https://www.ft.com/content/5d96dd72-83eb-11e6-8897-2359a58ac7a5 (consulté le 5 mars 2023)
DEFFAINS B., BALLER S., « Intelligence artificielle et devenir de la profession juridique : l'avenir et présent ! », Revue Pratique de la Prospective et de l'Innovation, Lexis Nexis, mars 2017, n°1
DIPSHAN R., « Generative AI Could Automate Almost Half of All Legal Tasks, Goldman Sachs Estimates », Law.com, 29 mars 2023, disponible sur https://www.law.com/legaltechnews/2023/03/29/generative-ai-could-automate-almost-half-of-all-legal-tasks-goldman-sachs-estimates/?slreturn=20240715094256 (consulté le 10 juin 2024).
DUMOURIER A., « Rocket Lawyer veut rendre les services juridiques plus abordables », Le monde du Droit, 18 avril 2017, disponible sur https://www.lemondedudroit.fr/professions/337-legaltech/416-rocket-lawyer-veut-rendre-les-services-juridiques-plus-abordables.html (consulté le 22 juin 2023)
ELIOT L., « Essential Stats For Justifying And Comparing Self-Driving Cars To Humans At The Wheel », Forbes, 30 mai 2019, disponible sur https://www.forbes.com/sites/lanceeliot/2019/05/30/essential-stats-for-justifying-and-comparing-self-driving-cars-to-humans-at-the-wheel/?sh=34ebd02846ed (consulté le 19 juin 2023)
FLEURIOT C., « L'intelligence artificielle va provoquer une mutation profonde de la profession d'avocat », Dalloz actualité, 15 mars 2017, disponible sur https://www.dalloz-actualite.fr/flash/l-intelligence-artificielle-va-provoquer-une-mutation-profonde-de-profession-d-avocat#.Xo9AvW468dU (consulté le 8 septembre 2021)
HAAS G., SERVANT VOLQUIN V., « La concurrence déloyale entre pharmaciens français et européens », HAAS Avocats, disponible sur https://info.haas-avocats.com/droit-digital/la-concurrence-deloyale-entre-pharmaciens-francais-et-europeens (consulté le 12 décembre 2022)
HEINDRICHS T., « Le chatbot Harvey va révolutionner le monde du conseil juridique», Paperjam (Luxembourg), 16 février 2023, disponible sur https://paperjam.lu/article/chatbot-harvey-va-revolutionne?utm_source=substack&utm_medium=email (consulté le 9 mai 2023)
Insights Success, « 6 Innovative Business Models for Law Firms to Adapt to a Changing Economic Landscape », disponible sur

https://insightssuccess.com/6-innovative-business-models-for-law-firms-to-adapt-to-a-changing-economic-landscape/ (consulté le 22 mai 2023)
JANUEL P., « Datajust : un algorithme pour évaluer les préjudices corporels », 1 avril 2020, dalloz actualité, disponible sur https://www.dalloz-actualite.fr/flash/datajust-un-algorithme-pour-evaluer-prejudices-corporels#.Xsg8xW46-gQ (consulté le 20 avril 2020)
KAYUM AHMED A., « Delinking the "human" from human rights: artificial intelligence and transhumanism », OpenGlobalRights, 10 avril 2019, disponible sur https://www.openglobalrights.org/delinking-the-human-from-human-rights-artificial-intelligence-and-transhumanism/ (consulté le 6 octobre 2021)
LEE M., « Pentagon scientists develop microchip that detects COVID before symptoms when placed under skin », Washington Examiner, 13 avril 2021, disponible sur https://www.washingtonexaminer.com/news/pentagon-microchip-covid-under-skin (consulté le 22 mai 2023)
LUGOVSKY V., « A Guide To Low-Code/No-Code Development Platforms In 2021 », Forbes , 30 juillet 2021, disponible sur https://www.forbes.com/sites/forbesbusinesscouncil/2021/07/30/a-guide-to-low-codeno-code-development-platforms-in-2021/ (consulté le 29 mai 2023)
MARZOLF E., « Exclusif : le ministère de la Justice renonce à son algorithme DataJust », Acteurspublics, 14 janvier 2022, disponible sur https://acteurspublics.fr/articles/exclusif-le-ministere-de-la-justice-renonce-a-son-algorithme-datajust (consulté le 15 janvier 2022)
MILLER A., « Low Code vs No Code Explained », DevOps Blog, 30 juillet 2021, disponible sur https://www.bmc.com/blogs/low-code-vs-no-code/ (consulté le 29 mai 2023)
NRJ, L'influence de la science-fiction sur l'innovation, 29 juin 2018, disponible sur https://www.nrj.fr/actus/l-influence-de-la-science-fiction-sur-l-innovation-71294729 (consulté le 5 décembre 2022)
PERLMAN A., « The Implications of ChatGPT for Legal Services and Society, Lead Article », Harvard Law School, mars/avril 2023, disponible sur https://clp.law.harvard.edu/knowledge-hub/magazine/issues/generative-ai-in-the-legal-profession/the-implications-of-chatgpt-for-legal-services-and-society/ (consulté le 2 juin 2023)
PIVOVAROV V., DOLM N., « 713% Growth : Legal Tech Set An Investment Record In 2018 », Forbes, 15 janvier 2019, disponible sur https://www.forbes.com/sites/valentinpivovarov/2019/01/15/legaltechinvestment2018/?sh=5fb56f607c2b (consulté le 25 juin 2021)
SEYDTAGHIA A., « Pour les avocats, la numérisation représente un triple défi majeur », Le Temps, 29 septembre 2023, disponible sur https://www.letemps.ch/economie/pour-les-avocats-la-numerisation-represente-un-triple-defi-majeur (consulté le 2 octobre 2023)

SILVERMAN K., CAMPBELL Th.A., « The knotty problem of applying real-world laws to VR and AR », World Economic Forum, 24 août 2021, disponible sur https://www.weforum.org/agenda/2021/08/real-world-laws-ar-and-vr/ (consulté le 30 août 2021)

TANTIN S., « Faut-il adhérer aux legaltech pour développer sa stratégie digitale ? », La lettre des juristes d'affaires, disponible sur https://www.lja.fr/fiches-pratiques/gestion-et-organisation/ntic/faut-il-adherer-aux-legaltech-525474.php (consulté le 25 octobre 2021)

Village de la justice, « Avocats, sur quels annuaires vous référencer ? », 18 juin 2021, disponible sur https://www.village-justice.com/articles/Annuaires-pour-Avocats,21074.html (consulté le 24 juin 2021)

WAKELING D., WELLS C., « Allen & Overy et Harvey annoncent un partenariat inédit visant à transformer les services juridiques », Allen & Overy, 16 février 2023, disponible sur https://www.allenovery.com/fr-fr/global/news-and-insights/news/ao-announces-exclusive-launch-partnership-with-harvey (consulté le 31 mars 2023)

WHITAKER B., « Military programs aiming to end pandemics forever », CBS news, 11 avril 2021, disponible sur https://www.cbsnews.com/news/last-pandemic-science-military-60-minutes-2021-04-11/ (consulté le 12 novembre 2021)

WIGGERS K., « OpenAI-backed legal tech startup Harvey raises $100M », Tech Crunch, 23 juillet 2024, disponible sur https://techcrunch.com/2024/07/23/openai-backed-legaltech-startup-harvey-raises-100m/ (consulté le 10 août 2024).

III. Les sources juridiques

III.I. Les textes législatifs et réglementaires

Charte des droits fondamentaux de l'Union européenne

Code de commerce

Code de déontologie des avocats européens

Décret n°2005-790 du 12 juillet 2005 relatif aux règles de déontologie de la profession d'avocat

Décret n°91-1197 du 27 novembre 1991 organisant la profession d'avocat

Délibération de la CNIL n° 2020-002 du 9 janvier 2020 portant avis sur un projet de décret en Conseil d'Etat portant création d'un traitement automatisé de données à caractère personnel dénommé « DataJust » (demande d'avis no 19020148)

Directive 77/249/CEE du Conseil, du 22 mars 1977, tendant à faciliter l'exercice effectif de la libre prestation de services par les avocats

Directive 98/5/CE du Parlement européen et du Conseil du 16 février 1998 visant à faciliter l'exercice permanent de la profession d'avocat dans un État membre autre que celui où la qualification a été acquise

Loi n° 2015-990 du 6 août 2015 pour la croissance, l'activité et l'égalité des chances économiques

Loi n° 71-1130 du 31 décembre 1971 portant réforme de certaines professions judiciaires et juridiques
Loi n° 91-647 du 10 juillet 1991 relative à l'aide juridique
Proposition de règlement du Parlement européen et du Conseil établissant des règles harmonisées sur l'intelligence artificielle (le règlement sur l'intelligence artificielle) modifiant certains actes législatifs de l'union, 21 avril 2021COM (2021) 206 final, 2021/0106 (COD)
Règlement du Parlement européen et du Conseil relatif à la protection des personnes physiques à l'égard du traitement des données à caractère personnel et à la libre circulation de ces données, et abrogeant la directive 95/46/CE
Règlement Intérieur National de la profession d'avocat (RIN)
Traité sur le fonctionnement de l'Union européenne

III.II. Les jurisprudences

Cass c. 1410088 Ontario Inc., 2018 ONSC 6959 (CanLII), disponible sur http://canlii.ca/t/hw728 (consulté le 20 juin 2023)
Cass. civ. I., 3 mars 1998, 95-15.799
Cincinnati Bar Association c. Alsfelder, 816 N.E.2d 218 (2004)
Cincinnati Bar Association v. Alsfelder, 816 N.E.2d 218 (2004)
Drummond c. The Cadillac Fairview Corp. Ltd., 2018 ONSC 5350 (CanLII), disponible sur http://canlii.ca/t/hv321 (consulté le 20 juin 2023) - Canada
Heavener v. Meyers, 158 F. Supp. 2d 1278 (2001)
In re Sinnott, 845 A.2d 373 (2004)
Lustig c. Horn, 732 N.E.2d 613 (2000)
Re Comstock, 664 N.E.2d 1165 (1996)

IV. Les rapports, études et guides

COEN Ph. (dir.), « Comment construire des Metaverses de respect et de diversité ? », Respect Zone, Rapport boîte à outils, 2023, disponible sur https://www.respectzone.org/wp-content/uploads/2023/02/Projet-Metaverse-Rapport-2023-15_02_23-HD.pdf (consulté le 29 mai 2023)
Commission européenne, « Impact assessment accompanying the document proposal for a Regulation of the European Parliament and of the Council on European Production and Preservation Orders for electronic evidence in criminal matters and Proposal for a Directive of the European Parliament and of the Council laying down harmonised rules on the appointment of legal representatives for the purpose of gathering evidence in criminal proceedings », 17 avril 2018, SWD (2018) 118 final
Conseil de l'Europe, la Charte éthique européenne d'utilisation de l'intelligence artificielle dans les systèmes judiciaires et leur environnement, adoptée lors de la 31e réunion plénière de la CEPEJ, Strasbourg, 3-4 décembre 2018

Conseil national des barreaux, « Legaltechs du domaine de la jurimétrie, Préconisations d'actions », Assemblée générale du 9 octobre 2020, Rapport du groupe de travail sur la Legaltech
École de droit de l'Université de Georgetown, « 2014, Report on the State of the Legal Market », Rapport du centre d'études sur les professions juridiques et Thomson Reuters Peer Monitor, disponible sur https://peermonitor.thomsonreuters.com/wp-content/uploads/2014/01/2014_PM_GT_Report5.pdf (consulté le 12 juillet 2023)
Le Conseil national des barreaux, « Publication au JO de la décision à caractère normatif 'Pluralité d'exercice' », 31 août 2020, disponible sur https://www.cnb.avocat.fr/fr/actualites/publication-au-jo-de-la-decision-caractere-normatif-pluralite-dexercice (consulté le 26 janvier 2023)
McKinsey, « McKinsey Global Institute Study, Artificial Intelligence, The Next Digital Frontier », juin 2017, disponible sur https://www.mckinsey.com/~/media/mckinsey/industries/advanced%20electronics/our%20insights/how%20artificial%20intelligence%20can%20deliver%20real%20value%20to%20companies/mgi-artificial-intelligence-discussion-paper.ashx (consulté le 3 mai 2023)
Ministère de l'Économie et des Finances, « La fonction Recherche & Développement », Faciléco, disponible sur https://www.economie.gouv.fr/facileco/fonction-recherche-developpement (consulté le 1er décembre 2022)
Ministère de la justice, « rapport à Madame la garde des Sceaux : m'open data des décisions de justice, mission d'étude et de préfiguration sur l'ouverture au public des décisions de justice », novembre 2017
Organe d'information commun à l'Assemblée nationale et au Sénat, « Rapport au nom de l'office parlementaire d'évaluation des choix scientifiques et technologiques sur Les enjeux technologiques des blockchains (chaînes de blocs) », rapports n° 1092 (AN) et n° 584 (Sénat), 12 juin 2018, présenté par Mme Valéria FAURE-MUNTIAN, M. Claude DE GANAY et M. Ronan LE GLEUT
RAI N., « Why ethical audit matters in artificial intelligence ? », AI Ethics, 2021, disponible sur https://doi.org/10.1007/s43681-021-00100-0 (consulté le 6 octobre 2022)
Stanford Institute for Human-Centered Artificial Intelligence, « The AI index repot, Measuring trends in Artificial Intelligence – 2021 », janvier 2022

V. Les interventions

Intervention de Monsieur Fabrice PERRIER lors du Colloque Le rôle de l'IA dans la révolution des processus documentaires / OCR Machine Learning, RPA,3, organisé par AI for Finance, Paris, France, juin 2021
Intervention de Monsieur A. MOSER lors de la conférence Dialogue & Démocratie, Genève, Suisse, le 14 mars 2014

VI. Les thèses

LEMAIRE V., « Le droit public numérique à travers ses concepts : émergence et transformation d'une terminologie juridique », Thèse de doctorat en droit public, 1er juillet 2019, Université Paris 1 Panthéon-Sorbonne

SHAHRJERDI S., « La régulation juridique de l'intelligence artificielle au sein de la justice : une étude comparative entre le droit de l'Union européenne et les lois fédérales des Etats-Unis », Thèse de doctorat en droit public, 19 octobre 2023, Université Paris 1 Panthéon-Sorbonne

VII. Les autres sources numériques

Carrières-juridiques, ALLEN & OVERY LLP, disponible sur https://www.carrieres-juridiques.com/metiers-du-droit-jobfair-virtuelle/allen-overy-llp/5501#:~:text=Allen%20%26%20Overy%20est%20une%20structure,pays%2C%20et%2044%20métropoles%20économiques (consulté le 19 septembre 2023)

CNB, « Consultation juridique : proposition d'inscription de la définition dans la loi du 31 décembre 1971 », 19 mai 2020, disponible sur https://www.cnb.avocat.fr/fr/actualites/consultation-juridique-proposition-dinscription-de-la-definition-dans-la-loi-du-31-decembre-1971 (consulté le 7 juillet 2024)

CNB, Annuaire des avocats de France, disponible sur https://www.cnb.avocat.fr/fr/annuaire-des-avocats-de-france (consulté le 25 juin 2023)

CNIL, « Ajustement (fine-tuning) », disponible sur https://www.cnil.fr/fr/definition/ajustement-fine-tuning (consulté le 20 août 2024)

Département des transports des États-Unis, History of intelligent transportation systems, mai 2016, rapport n° FHWA-JPO-16-329, disponible sur https://outrightolds.com/docs/History-Of-IVHS.pdf (consulté le 19 juin 2023)

Dictionnaire Larousse, définition de Trashumanisme, disponible sur https://www.larousse.fr/dictionnaires/francais/transhumance/79138 - consulté le 29 mai 2023)

Donotpay, disponible sur https://donotpay.com/ (consulté le 17 juin 2023)

Harvey, disponible sur https://www.harvey.ai/blog (consulté le 9 mai 2023)

HATZIUS J., BRIGGS J., KODNANI D., PIERDOMENICO G., « Global Economics Analyst : The Potentially Large Effects of Artificial Intelligence on Economic Growth (Briggs/Kodnani) », 26 mars 2023, disponible sur https://www.key4biz.it/wp-content/uploads/2023/03/Global-Economics-Analyst_-The-Potentially-Large-Effects-of-Artificial-Intelligence-on-Economic-Growth-Briggs_Kodnani.pdf (consulté le 3 mai 2023)

KLEVAN A., « 2021 Life & Practice », American Bar Association, TECHREPORT 2021, 29 Décembre 2021, disponible sur

https://www.americanbar.org/groups/law_practice/publications/techreport/2021/lp/ (consulté le 22 mai 2023)
Larousse, « intelligence artificielle », disponible sur https://www.larousse.fr/encyclopedie/divers/intelligence_artificielle/187257 (consulté le 25 décembre 2023)
Le Conseil national des barreaux, Publication au JO de la décision à caractère normatif 'Pluralité d'exercice', 31 août 2020, disponible sur https://www.cnb.avocat.fr/fr/actualites/publication-au-jo-de-la-decision-caractere-normatif-pluralite-dexercice (consulté le 26 janvier 2023)
Les statistiques relatives à l'usage des outils de legaltech dans les cabinets d'avocats en 2020 (sur le plan mondial), disponibles sur https://www.statista.com/statistics/1175851/top-legal-tech-tools-law-firms/ (consulté le 25 février 2021)
Livv Legal Intelligence by Vogel, https://livv.eu (consulté le 9 mai 2023)
MICHAUD Th., De la fiction à l'innovation : Ces visionnaires qui ont changé le monde, Le Manuscrit, 2022, Dimitri Uzunidis, disponible sur https://hal.archives-ouvertes.fr/hal-03583048/document (consulté le 5 décembre 2022)
Ministère de l'Économie et des Finances, La fonction Recherche & Développement, Faciléco, disponible sur https://www.economie.gouv.fr/facileco/fonction-recherche-developpement (consulté le 1er décembre 2022)
Ministère de la transition écologique, Les véhicules autonomes, 16 décembre 2020, disponible sur https://www.ecologie.gouv.fr/vehicules-autonomes (consulté le 19 juin 2023)
Service-public.fr, Comment sont fixés les honoraires d'un avocat ?, disponible sur https://www.service-public.fr/particuliers/vosdroits/F15018 (consulté le 4 septembre 2022)

Table des matières

Préfaces de Bastien Reber, Vanessa Bousardo, Olivier Chatudeau..........9

Liste des abréviations, sigles et acronymes..........23

Introduction..........25

Première partie : Une révolution dans le marché des services juridiques..........41

Chapitre 1 : Le risque grandissant de la dépendance aux acteurs de la legaltech..........43

Chapitre 2 : L'optimisation de fonction des cabinets virtuels grâce à « la réalité virtuelle »..........47

Seconde partie : Une reconfiguration du modèle d'affaires des cabinets d'avocats..........51

Chapitre 1 : La réduction des coûts habituels des cabinets d'avocats..........53

Chapitre 2 : Le renforcement de l'accessibilité et de la rapidité des services..........59

Chapitre 3 : Vers une nouvelle logique de valorisation des services des cabinets d'avocats..........69

Troisième partie : La création de départements de R&D au sein des cabinets d'avocats..........97

Chapitre 1 : Le fondement juridique et réglementaire du lancement de départements de R&D au sein des cabinets d'avocats..........101

Chapitre 2 : Les premières tentatives de l'internalisation de conception des outils de legaltech..........105

Chapitre 3 : Une mesure garantissant l'efficacité et l'indépendance des cabinets d'avocats..........113

Chapitre 4 : Une mesure visant à conquérir le marché des outils de la legaltech par les cabinets d'avocats..........125

Conclusion..........131

Structures éditoriales du groupe L'Harmattan

L'Harmattan Italie
Via degli Artisti, 15
10124 Torino
harmattan.italia@gmail.com

L'Harmattan Hongrie
Kossuth l. u. 14-16.
1053 Budapest
harmattan@harmattan.hu

L'Harmattan Sénégal
10 VDN en face Mermoz
BP 45034 Dakar-Fann
senharmattan@gmail.com

L'Harmattan Cameroun
TSINGA/FECAFOOT
BP 11486 Yaoundé
inkoukam@gmail.com

L'Harmattan Burkina Faso
Achille Somé – tengnule@hotmail.fr

L'Harmattan Guinée
Almamya, rue KA 028 OKB Agency
BP 3470 Conakry
harmattanguinee@yahoo.fr

L'Harmattan RDC
185, avenue Nyangwe
Commune de Lingwala – Kinshasa
matangilamusadila@yahoo.fr

L'Harmattan Congo
219, avenue Nelson Mandela
BP 2874 Brazzaville
harmattan.congo@yahoo.fr

L'Harmattan Mali
ACI 2000 - Immeuble Mgr Jean Marie Cisse
Bureau 10
BP 145 Bamako-Mali
mali@harmattan.fr

L'Harmattan Togo
Djidjole – Lomé
Maison Amela
face EPP BATOME
ddamela@aol.com

L'Harmattan Côte d'Ivoire
Résidence Karl – Cité des Arts
Abidjan-Cocody
03 BP 1588 Abidjan
espace_harmattan.ci@hotmail.fr

Nos librairies en France

Librairie internationale
16, rue des Écoles
75005 Paris
librairie.internationale@harmattan.fr
01 40 46 79 11
www.librairieharmattan.com

Librairie des savoirs
21, rue des Écoles
75005 Paris
librairie.sh@harmattan.fr
01 46 34 13 71
www.librairieharmattansh.com

Librairie Le Lucernaire
53, rue Notre-Dame-des-Champs
75006 Paris
librairie@lucernaire.fr
01 42 22 67 13

www.ingramcontent.com/pod-product-compliance
Lightning Source LLC
LaVergne TN
LVHW021229061026
849535LV00008B/2980